IP 知识产权专题研究书系

Intellectual Property Challenges and
System Innovation Arising from 3D Printing

3D打印的知识产权挑战与制度创新

顾金焰 著

知识产权出版社
全国百佳图书出版单位

图书在版编目（CIP）数据

3D 打印的知识产权挑战与制度创新/顾金焰著. —北京：知识产权出版社，2018.8
ISBN 978-7-5130-5718-9

Ⅰ.①3… Ⅱ.①顾… Ⅲ.①立体印刷—印刷术—知识产权—研究 Ⅳ.①D913.404

中国版本图书馆 CIP 数据核字（2018）第 176433 号

内容提要

3D 打印技术将给知识产权制度带来何种挑战？现有知识产权制度是否足以应对未来 3D 打印大规模应用的复杂局面？本书不仅从总体上分析 3D 打印的知识产权问题，还从版权法、专利法、商标法等角度进行深入思考与解读，并创造性地提出我们可以创设一种新型知识产权——"3D 打印权"的设想。本书可供 3D 打印相关产业的企业、研究者、知识产权工作者参考。

责任编辑：可　为	责任校对：潘凤越
封面设计：SUN 工作室	责任印制：刘译文

本书出版受到中国博士后科学基金资助

3D 打印的知识产权挑战与制度创新
顾金焰　著

出版发行：	知识产权出版社有限责任公司	网　　址：	http://www.ipph.cn
社　　址：	北京市海淀区气象路 50 号院	邮　　编：	100081
责编电话：	010-82000860 转 8335	责编邮箱：	kewei@cnipr.com
发行电话：	010-82000860 转 8101/8102	发行传真：	010-82000893/82005070/82000270
印　　刷：	北京虎彩文化传播有限公司	经　　销：	各大网上书店、新华书店及相关专业书店
开　　本：	720mm×1000mm　1/16	印　　张：	12
版　　次：	2018 年 8 月第 1 版	印　　次：	2018 年 8 月第 1 次印刷
字　　数：	180 千字	定　　价：	50.00 元

ISBN 978-7-5130-5718-9

出版权专有　侵权必究
如有印装质量问题，本社负责调换。

作者简介

顾金焰，男，汉族，1977年出生于四川绵阳。知识产权博士，中国政法大学法学博士后研究人员，美国华盛顿大学访问学者，中细软知识产权研究院执行院长。长期致力于法律与知识产权的理论与实践工作，有一定跨国公司法务、知识产权及管理实践经验。在涉外知识产权谈判、涉外诉讼、国际专利技术转移、专利标准化、专利联盟等方面均有一定研究与实践经验。

近五年主要研究方向在专利标准化、企业知识产权战略与管理、国际知识产权法、网络法方面。

其中，在专利标准化这一国际前沿和中国热点的知识产权研究方面，提出了构建符合中国国情的专利标准化法律制度的观点，相关论文发表在国家知识产权局2012年的学术年刊《专利法研究》上；为我国妥善解决专利与标准内在冲突的"中国困境"问题提出了理论解释、战略选择和法律规制的政策意见。

在网络法方面，主要研讨了互联网出版中的版权问题。

在企业知识产权管理方面，结合企业实践工作，研讨了企业专利战略、企业专利信息分析与利用策略、企业知识产权管理的市场运作、专利侵权、专利许可等内容。

曾在四川长虹集团、重庆学苑律师事务所、四川英济律师事务所工作，并曾在重庆第一中级人民法院实习调研。曾多次主导或参与长虹集团等公司的知识产权战略、涉外知识产权许可与诉讼等重大项目与案件。

参与科研项目5项，其中主持2项，1项获全国博士后科学基金面上一等项目资助。

主要创新成果有，出版学术专著《专利标准化的法律规制》（知识产权出版社），参与编写图书《商标权的法律保护与运用》（法律出版社）、《专利权的法律保护与案例解读》（法律出版社）、《企事业单位管理人员知识产权读本》（人民出版社），其中《商标权的法律保护与运用》曾获中华全国律协知识产权专委会"十佳知识产权著作奖"。

序

　　3D打印是新生事物，目前在航空航天，汽车、自行车的零部件，珠宝首饰，医疗，艺术设计等许多行业都有越来越广泛的应用。互联网的发展，让3D打印的应用更加广泛，比如涌现出一些专门提供3D打印文件上传、下载以供分享的网络平台、社区。随着技术的发展，未来还将不断产生新的应用、新的商业模式。

　　在过去的几十年里，中国的知识产权有了迅猛而显著的发展，社会各界对知识产权的关注日益增多。3D打印技术也会涉及这一问题，因为现实中的很多东西都会得到更加广泛的传播。人们可以随意复制任何东西，并且数量不限。如何制定新的法律法规来保护3D打印的知识产权，也是我们面临的问题之一。

　　3D打印技术在引发新一轮工业化革命趋势下，乘着互联网的东风，将给知识产权制度带来何种挑战？顾金焰在本书中从技术、历史、经济、法律等诸多方面对3D打印的知识产权问题进行了探讨。3D打印带来了复制维度的变革，从平面到立体，从立体到立体。曾几何时，印刷术引发了版权的兴起与繁荣，复印技术将版权法里的利益平衡与合理使用机制引向深入；3D扫描与3D打印的出现也将影响到经济方式、法律制度的变革。传统的知识产权体系是否足以应对3D打印的挑战？随着未来3D打印技术的更加成熟、经济和商业模式的更新发展、生产方式的不断变化，现在的知识产权体系亟需对此作出适应性的调整。在3D打印技术的影响下，共享与专有、数字与实体、知识产权利益平衡将成为重点探讨的话题。作为顾金焰在中国政法大学博士后研究阶段的合作导师，我很高兴看到他在本书中不仅从技术、经济、法律等多角度对3D打印进行了思考，还从版权、专利、商标等细分领域对3D打印知识产权问题作了深入研讨。

特别是在此书中，顾金焰第一次创造性地提出创设一种新型知识产权——3D打印权。它是3D打印新设计的设计者对其3D打印设计文件、根据该设计文件通过3D打印生产出的产品所拥有的3D文件复制、发行、3D打印、销售及许诺销售、进口的权利。3D打印权脱胎于版权、专利、商标等传统的知识产权，但是仍然在知识产权的框架之内。3D打印权可以根据3D打印技术、经济和社会发展的需要，吸收版权、专利、商标机制中的一些特点，集成起来。在某种程度上，3D打印权集成了要求版权的独创性、发明或实用新型专利上的实用性、外观设计的新颖性。这种设想显得大胆而新颖。尽管难免可能会遇到将来理论与实践的考验，但不失为一种有益的探索。

当未来人们在受够了现有知识产权制度对于3D打印中冒出来的种种问题、种种重重叠叠的烦恼，无法解决或者难以忍受时，也许真的会想到是否还有更为简略的办法来解决，从而可能创设出一些以3D打印权作为选项的新权利、新机制。从此意义上讲，顾金焰的这本书可谓是先行者。

当然，3D打印带来的知识产权挑战与制度创新是无法在一本书里完全讨论完毕的，其中许多地方还有待进一步论证、实践检验和完善。期待着顾金焰能在以后的理论研究和实践工作中继续前行。

是为序。

张楚[1]
2018年3月

---

[1] 中国政法大学教授、博导，中国政法大学知识产权研究中心主任，西华大学知识产权学院、法学院特聘院长（四川千人计划专家2016），中国政法大学民商法学博士，美国纽约哥伦比亚大学法学院、费城天普大学法学院访问学者。中国侨联新侨创新创业联盟理事、中国法学会知识产权法研究会常务理事、中国互联网协会政策与资源委员会委员、中国互联网协会法治委员会顾问、中国电子学会电子签名委员会委员、工信部知识产权司法鉴定所鉴定人、贸仲委网上争议解决中心专家、韩国著作权委员会北京代表处顾问、美国杜肯法学院教授。

目　　录

第一章　引　论 ……………………………………………… (1)

　　一、问题：3D打印引发的知识产权挑战 ………………… (1)

　　二、国内外研究综述 ……………………………………… (2)

　　　　（一）国内研究综述 …………………………………… (2)

　　　　（二）国际研究综述 …………………………………… (3)

　　三、研究意义 ……………………………………………… (5)

　　四、研究方法 ……………………………………………… (6)

　　五、内容与结构 …………………………………………… (6)

第二章　概论：3D打印为何引领新一轮工业革命 ………… (10)

　　一、3D打印概述 ………………………………………… (10)

　　　　（一）3D打印技术的起源与发展 …………………… (10)

　　　　（二）3D打印技术及其特点 ………………………… (11)

　　　　（三）3D打印技术的应用 …………………………… (12)

　　　　（四）3D打印技术本身的专利分析 ………………… (22)

　　二、3D打印的科技哲学分析 …………………………… (25)

　　　　（一）生产方式的变革：从做减法到做加法 ………… (25)

　　　　（二）复制维度的变革：从平面到立体，从立体到立体 … (26)

　　　　（三）网络时代的变革：当3D技术遇上互联网 …… (27)

　　三、3D打印的历史视角 ………………………………… (28)

i

（一）印刷术与版权 …………………………………………（29）
　　（二）复印机与合理使用 ……………………………………（31）
　　（三）3D扫描与3D打印 ……………………………………（33）
四、3D打印的经济解释 …………………………………………（35）
　　（一）3D打印的经济概述 ……………………………………（35）
　　（二）3D打印与生产规模：生产规模从大到小 ……………（36）
　　（三）3D打印与生产主体：从企业到家庭或个人 …………（37）
　　（四）3D打印与生产方式：从浪费到节约，
　　　　　从文本到数字 …………………………………………（38）
　　（五）3D打印与商业模式：网络信息时代遇到3D打印 …（39）
五、3D打印的法律问题 …………………………………………（40）
　　（一）3D打印的知识产权问题 ………………………………（40）
　　（二）3D打印的产品质量问题 ………………………………（40）
　　（三）3D打印的武器管制法律问题 …………………………（40）
　　（四）3D打印的其他法律问题 ………………………………（41）

第三章　总论：3D打印的知识产权问题与挑战 …………（42）

一、3D打印面临的知识产权问题概述 …………………………（42）
二、传统的知识产权体系是否足以应对 …………………………（43）
三、3D打印的知识产权法哲学分析 ……………………………（44）
　　（一）专有与共享 ……………………………………………（44）
　　（二）数字与实体 ……………………………………………（46）
　　（三）3D打印的知识产权利益平衡 …………………………（47）
四、3D打印的直接侵权与间接侵权 ……………………………（51）
　　（一）直接侵权与间接侵权概述 ……………………………（51）
　　（二）专利制度中的直接侵权与间接侵权 …………………（52）
　　（三）版权法里的直接侵权与间接侵权 ……………………（61）
　　（四）网络空间里的直接侵权与间接侵权 …………………（64）
五、3D打印的知识产权制度的变革 ……………………………（66）

第四章 3D打印的版权法分析 (68)

一、3D打印的版权法分析概述 (68)

二、作品之辩：3D打印与立体作品 (69)

（一）作品、立体作品与3D打印产品 (69)

（二）立体作品的侵权案例研讨 (72)

（三）3D打印技术中的立体作品 (87)

三、行为之辩：3D打印是"复制"还是"制造" (88)

四、主体之辩：企业与个人或家庭 (92)

五、侵权之辩：盗版机器还是合理使用 (93)

（一）3D打印侵权的界限 (93)

（二）3D打印合理使用 (94)

第五章 3D打印的专利法分析 (100)

一、3D打印技术是否构成专利侵权 (100)

（一）3D打印技术本身涉及的专利问题 (101)

（二）3D打印对象的专利问题 (103)

（三）专利与专利侵权的基础理论 (104)

二、3D打印与传统三种类型的专利 (109)

（一）3D打印与外观设计 (109)

（二）3D打印与发明、实用新型 (113)

三、3D打印专利侵权判定中是否还须以营利为目的 (115)

四、3D打印与制造、修理、更换 (116)

五、3D打印与默示许可 (122)

六、3D打印与假冒专利 (126)

七、3D打印的自我复制 (127)

第六章 3D打印的商标法分析 (129)

一、3D打印涉及的商标问题概述 (129)

二、3D打印与商标侵权 (130)

iii

三、3D打印与立体商标 ……………………………………… (132)
　（一）立体商标的3D打印 ……………………………… (132)
　（二）关于立体商标的案例 ……………………………… (136)
四、3D打印与商标反向假冒 ………………………………… (146)
　（一）3D打印后换作自己的商标是否构成商标
　　　　反向假冒 ………………………………………… (146)
　（二）商标反向假冒的性质分析 ………………………… (146)
　（三）商标反向假冒的特征 ……………………………… (148)
　（四）3D打印中商标反向假冒认定商标侵权的要件……… (149)
　（五）如何规制3D打印中的商标反向假冒 ……………… (152)

第七章　3D打印权——是否需要创设一种新型知识产权 … (155)

一、3D打印权 ………………………………………………… (155)
　（一）3D打印权的提出 …………………………………… (155)
　（二）3D打印权的创设 …………………………………… (156)
　（三）为何需要3D打印权 ………………………………… (157)
　（四）3D打印权的界定 …………………………………… (158)
二、3D打印权的法理基础 …………………………………… (158)
三、3D打印权与版权、专利权、商标权之间的关系 ……… (160)
　（一）3D打印权与版权 …………………………………… (160)
　（二）3D打印权与专利权 ………………………………… (161)
　（三）3D打印权与商标权 ………………………………… (161)
四、3D打印权与合理使用 …………………………………… (162)
五、3D打印权与强制许可 …………………………………… (164)
六、3D打印权与反向工程 …………………………………… (165)
七、3D打印权的创设可能 …………………………………… (166)

第八章　结　语 ………………………………………………… (168)

一、研究内容总结 …………………………………………… (168)
二、基本观点 ………………………………………………… (174)

三、主要创新点 …………………………………… (174)
四、研究局限与展望 ……………………………… (174)
　（一）研究局限 …………………………………… (174)
　（二）展望 ………………………………………… (175)

参考文献 ……………………………………………… (176)

致　谢 ………………………………………………… (179)

第一章
引 论

一、问题：3D 打印引发的知识产权挑战

2012 年，美国《时代》周刊将 3D 打印产业列为"美国十大增长最快的工业"。英国《经济学人》杂志则预测，3D 打印技术将与数字化生产模式一道推动新一轮工业革命的来临。3D 打印技术是一种什么样的技术，能引起如此高度重视，甚至得到"新一轮工业革命"这样的高度评价？3D 打印将会引发哪些知识产权问题？是否会带来知识产权制度的革命性变革？换句话说，3D 打印将给知识产权制度带来怎样的挑战与制度创新需要？

本书在 3D 打印技术可能引发新一轮工业化革命的趋势下，研讨 3D 打印技术结合互联网的发展所带来的知识产权挑战与制度创新这一前沿课题。

3D 打印技术，简单来说就是指三维立体直接打印生产出产品的技术。该技术主要应用计算机软件设计出立体的加工样式，然后通过特定的成型设备（3D 打印机），用液化、粉末化、丝化的固体材料逐层"打印"出产品。

印刷术引发了版权的兴起与繁荣，复印技术将版权法里的利益平衡与合理使用机制引向深入；3D 打印技术乘着互联网迅猛发展的东

风,又将给知识产权制度带来何种挑战?3D扫描与3D打印的结合、互联网环境下3D打印能让个人或家庭拥有任意复制各种产品的能力,是否构成版权法意义上的侵权?又是否构成专利侵权抑或商标侵权?版权法、专利法、商标法在3D打印大规模应用时又将何去何从?合理使用、间接侵权、权利穷竭、商标反向假冒等在3D打印时代又将如何适用?

  本书旨在通过对3D打印从技术、科技哲学、经济、历史和法律的视角深入透视3D打印结合互联网因素所带来的挑战,结合其商业模式、应用场景,探讨3D打印对于知识产权制度形成的理论挑战与实践危机,分析现有知识产权能否妥善应对此种挑战,并尝试提出"3D打印权"这一新型知识产权的制度前瞻构想的可能性、理论基础与实践构建。

二、国内外研究综述

(一) 国内研究综述

  春江水暖鸭先知,社会的发展可以从科技的进步中率先得以感知。随着中国加入WTO后全球化进程的加速,中国对于世界上其他国家出现的新技术、新思想的接触与吸收能力也与日俱增。科技发展是没有国界的。2012年,就在美国3D打印服务提供商已经打印了75万种产品的同时,中国的3D打印技术发展也颇受人瞩目。目前世界上最大的3D打印机,也有出自中国科技工作者之手的部分;包括"天宫一号"的零部件,据称也使用了一些3D打印技术。

  目前国内对于3D打印的研讨,主要集中于技术与产业层面,也有少部分人意识到3D打印的版权侵权问题,并作了探讨。

  王忠宏、李扬帆、张曼茵在《经济纵横》上发表的《中国3D打印产业的现状及发展思路》指出,3D打印技术是制造业领域正在迅速发展的一项新兴技术,被称为"具有工业革命意义的制造技术"。运用该技术进行生产的主要流程是:应用计算机软件设计出立体的加工样式，然后通过特定的成型设备（3D 打印机），用液化、粉末化、丝化的固体材料逐层打印出产品。3D 打印技术是"增材制造"的主要实现形式。"增材制造"的理念区别于传统的"去除型"制造。传统数控制造一般是在原材料基础上，使用切割、磨削、腐蚀、熔融等办法，去除多余部分，得到零部件，再以拼装、焊接等方法组合生产制造出最终产品。而"增材制造"与之不同，无须原胚和模具，就能直接根据计算机图形数据，通过在某一个基点上，采用不断微量地增加材料的方法生成任何形状的物体，简化产品的制造程序，缩短产品的研发制造周期，提高生产效率并有效降低成本。

冯飞发表在《中国知识产权报》上《当心 3D 打印技术背后的版权问题》一文率先提出 3D 打印技术涉及的版权侵权风险。2013 年 5 月 30 日，杨颖、霍玉菡、徐淼撰文提出"与 3D 打印如影随形的知识产权问题"。王文敏在《东方企业文化》2013 年第 7 期中提出并探讨"3D 打印中版权侵权的可能性"。

以上国内外研究的内容表明，3D 打印技术即将成为新技术、经济与法律研究热点，有部分学者注意到 3D 打印技术有可能暗含着对知识产权制度现有体系的种种挑战与威胁，也有学者提出 3D 打印技术并不会影响现有知识产权体系的运转。但是，目前尚未有完整的、体系化的研究成果。并且，其中网络环境下 3D 打印涉及的知识产权侵权及相关问题还是一个前沿课题，有待于更多学者前去开拓。

（二）国际研究综述

国外 3D 技术发展最快，既是技术产生发展的前沿，也是 3D 打印相关案例最早发生的地方，相关的知识产权与法律方面的探讨也较早，并且逐步增多。

3D 打印发源于军方的"快速成型"技术，早在 20 世纪 70 年代就已有技术研发的构想，只不过近几年才出现了突破性进展。2012 年，美国《时代》周刊将 3D 打印产业列为"美国十大增长最快的工业"，英国《经济学人》杂志则预测，3D 打印技术将与数字化生产模式一道推动新一轮工业革命的到来。目前，国外已经通过 3D 打印技术成功地打印出了枪支、自行车、汽车、电控飞行器等物。2012年，美国3D打印服务提供商已经打印了75万种产品，数量之多令人惊叹。

目前所知的第一份与3D打印相关的法律意见书是在2010年，法理依据是1998年颁布的《千禧年数字版权法案》。当时3D艺术家Ulrich Schwantiz创作了一款彭罗斯三角现实版，结果被别人"借鉴"了（注意，只是借鉴，并非抄袭），于是引发了一场著作权侵权诉讼，不过后来艺术家本人主动撤诉并将他的设计公之于众。

2013年美国有线电视网络媒体公司（HBO）电视网向一家公司发送叫停函，要求后者停止销售由3D打印机打印、模仿HBO电视网发行的电视剧《权力的游戏》中的宝座形象制作的苹果手机底座，因为HBO电视网拥有该剧所有角色和在屏幕上显示过的物体的版权。无独有偶，一家英国游戏公司也曾给某3D打印机商家发出了停业的"命令"式要求，原因是该商家用3D打印机制作了这家英国游戏公司的流行桌面游戏"战锤"人物中的实体模型。目前，关于3D打印的诉讼案件仍多发于相关制造商之间。

3D打印与知识产权问题如影随形。在3D打印产业快速前进的道路上，注定会有制造商与知识产权权利人的不断博弈。比如，制造商会游说立法者不通过新的限制3D发展的法案；而知识产权权利人也会努力扩展各类知识产权保护范围、侵权责任等。

全球最大的知识产权律师事务所之一、美国飞翰律师事务所律师叶刚对于实务中3D打印是否构成版权、专利、商标侵权进行了初步探讨。他认为，当前有关3D打印技术与知识产权的讨论主要集中在三个方面：第一，版权问题。每一件固化于有形媒介的原创作品都享有版权保护。但是，版权保护并不适用于所有方面，它不保护具有功能性的物体，也不保护相关作品所传达的思想，只保护实际的文字、图案和设计本身。将3D打印放在版权框架里考虑的话，有3种获得3D蓝图的方式，即原创、下载和3D扫描。其中，原创作品本身即享有版权保护；下载中涉及的版权保护与电影、音乐、软件类似；而3D扫描中的版权问题则取决于被复制物品或其部分是功能性的、装饰性的还是美学性的，版权不保护功能性物品。第二，专利问题。专利保护不能自动取得，需要到专利局申请。而且，申请专利的发明必须具备新颖性、适用性和创新性，所以能受到专利保护的实际物品相对较少。不过，专利侵权是一种非常好的保护方式，因为它是一种严格责任，即使侵权人并不知情，也会构成侵权。因此，使用3D打印机打印一件受专利保护的物品即构成专利侵权。但一般来讲，大部分的物理实物不受专利保护。此外，3D打印配件一般情况下不会侵权。第三，商标问题。商标是用来保护消费者的，即帮助消费者确认产品是由特定的生产商设计制造的。因此，仅仅复制一个商标可能并不构成侵权。但是，一旦出售、复制有标志的产品甚至在公众场合展示该产品，将其进行商业使用都可能会构成商标侵权。

Charles W. Finocchiaro 在专题文章《消费级3D打印的爆炸宣传与严峻现实：个人工厂还是盗版催化剂?》❶ 中提出，比起过去的音乐版权共享引发的版权侵权，更为困难的是从3D的CAD文件里判断3D专利侵权。还有其他一些学者也开始对3D打印引发的知识产权问题进行探讨。

三、研究意义

1. 本书是在3D打印技术引发新一轮工业化革命趋势下，研讨3D打印技术结合互联网所引发的知识产权挑战与问题这一前沿课题，紧贴知识产权与战略性新兴产业发展的重大问题，具有重要的理论与实践意义。

2. 本书研讨3D打印是否构成版权侵权、网络环境下3D打印问题是否适用合理使用制度等重要理论与实践问题，对于3D打印趋势下版权制度的变革与发展具有重要的理论与实践意义。

3. 本书研讨3D打印是否构成专利侵权及3D打印对于间接侵权、

---

❶ FINOCCHIARO C W. Personal factory or catalyst for piracy? The hype, hysteria, and hard realities of consumer 3-D printing [J]. Cardozo arts & entertainment law, 2013: 26.

权利穷竭理论的挑战等问题，对于3D打印趋势下专利制度的变革与发展具有重要的理论与实践意义。

4. 本书研讨3D打印是否构成商标侵权、3D打印对于商标反向假冒、立体商标问题，对于3D打印趋势下商标制度的变革与发展具有重要的理论与实践意义。

5. 本书对于3D打印产业的战略发展及如何克服知识产权与法律的制度障碍，具有重大的应用前景意义。

四、研究方法

本书主要采用案例分析方法、实证分析方法、比较法方法、经济分析方法、历史学分析方法等，从技术、经济、法律、历史多维视角解析3D打印技术，继而深入、全面研讨3D打印技术引发的知识产权制度危机与挑战，探讨现有的版权、专利、商标等知识产权制度的束缚、变革与发展。

五、内容与结构

第一章是引论。本章主要介绍3D打印引发知识产权挑战与制度创新这一课题的选题背景、提出的问题以及国内外研究现状等。

第二章是概论。3D打印为何会引发新一轮工业革命，3D打印的技术到底是什么？本章从技术方面、历史视角和经济角度来对3D打印作一简要分析。首先介绍3D打印技术的起源与发展。再从技术方面来看3D打印技术应用情况如何？这种"做加法"式的增材式加工制造技术与传统的"做减法"式的生产技术有何不同？3D打印技术本身的专利发展现状如何？其带来的经济效应如何？又将产生何种新的可能的商业应用？3D打印将复制的维度从传统的二维复制提升至从数字三维到实体三维的全方位三维复制，将会带来哪些变化？与互联网相结合，将产生何种新的商业模式？借鉴历史上的印刷术、复印机如何影响版权的发展，3D打印将对知识产权形成怎样的挑战？3D

第一章 引 论

打印所引领的个性化生产、家庭工厂或个人工厂的新商业模式，又将在网络的助力下如何发展？3D 打印技术的广泛应用，不仅引发知识产权的问题，还将引发一些更为广泛的其他法律层面上的问题与思考。

第三章是总论。一个总的问题——传统的知识产权体系是否足以应对 3D 打印的挑战。若现行的知识产权制度体系足以应对 3D 打印技术，那么我们就不用对现行知识产权体系进行任何的调整。如果我们经过研讨发现，3D 打印技术对于现在的知识产权体系提出新问题、新挑战，那么随着未来 3D 打印技术的更加成熟、经济和商业模式的更新发展、生产方式的不断变化，现在的知识产权体系就需要对此作出适应性的调整。这种调整，或者是大的调整，或者是小修小补，也需要我们预估到可能的知识产权利益冲突与平衡。

第四章到第六章是分论，分别从版权、专利权、商标权三个视角进行深入分析探讨。

第四章从版权法视角分析 3D 打印技术带来的挑战与问题。3D 打印技术是从立体到立体的复制，这种"复制"，第一个令人想起与知识产权有关的问题就是版权法问题。3D 打印技术这种复制，是否会侵犯版权？其一，从作品的角度来看，3D 打印作品是否属于版权法中的立体作品？传统版权法意义上的立体作品能否解释、涵盖 3D 打印作品？其二，"3D 打印"这种行为是否是版权法意义上的复制？这种打印的行为是"复制"还是生产制造？其三，3D 打印让个人有可能成为复制的主体，这时知识产权法又将如何处理？其四，3D 打印在何种情况下构成版权侵权？这种侵权与否的法律边界在哪里？3D 打印中哪些情况可能适用合理使用？是否需要新增合理使用的内容，或重新划定合理使用、版权侵权的边界，以适用于 3D 打印技术的大规模应用新趋势？

第五章是从专利法视角来分析 3D 打印技术带来的潜在的专利侵权问题。首先要区分两个问题，其一，3D 打印技术本身的专利问题；其二，3D 打印过程中，涉及打印对象的专利问题。本章重点探讨涉及打印对象的专利问题，即在 3D 打印过程中，涉及是否侵犯 3D 打印对象的专利技术问题。当3D打印对象受专利保护时，人们有没有任意使用3D打印来打印专利产品的权利？这种行为是否会构成侵犯专利产品中的专利权？判定这种专利侵权或不侵权的法律边界又将划在哪里？

如果以现有的判定专利侵权中的"以营利为目的"为生产制造要件，则个人使用3D打印机生产制造受专利保护的产品，仅供个人使用则不会构成专利侵权。但是，如果个人使用3D打印机生产制造受专利保护的产品，不仅用于个人使用，还用于出售或出租给他人使用，则将极有可能构成专利侵权。在这种情况下，提供受专利保护产品的3D文件的人、3D打印机的制造商、提供3D文件下载的平台、3D打印机的使用者有可能是同一人或不是同一人，他们又将各自承担什么样的专利侵权责任？在3D打印机的提供者或使用者构成专利直接侵权的情况下，相应的提供受专利保护产品的3D文件的人也有可能构成共同侵权；而3D打印机的制造商、提供3D文件下载的平台也极有可能承担帮助侵权（或间接侵权）的法律责任。

第六章从商标法的视角来探讨3D打印技术引发的知识产权问题。主要包括这样一些问题。

（1）当3D打印机的使用人利用3D扫描仪将他人拥有商标权的产品进行3D扫描，然后获得3D打印的相关数据后，自行用3D打印机进行生产制造，并转售他人，是否构成商标侵权？或者在此情况下，将获得的3D打印所需的数据，上传到网上售卖或免费提供给他人使用，是否构成侵权？

（2）当3D打印机的使用者将他人的带有商标权的商品，去除商标后，再进行3D扫描，然后获得3D打印的相关数据后，自行用3D打印机进行生产制造，并转售他人，是否构成商标侵权或商标淡化？或者在此情况下，将获得的3D打印所需的数据上传到网上售卖或免费提供给他人使用，是否承担法律责任？

（3）当3D打印机的使用者将他人带有商标权的商品，去除商标后，再贴上自己的商标，继而进行3D扫描，然后获得3D打印的相关数据后，自行用3D打印机进行生产制造，并转售他人，是否构成商标侵权或商标反向假冒？或者在此情况下，将获得的 3D 打印所需的数据，上传到网上售卖或免费提供给他人使用，是否承担法律责任？

（4）当 3D 打印机的使用者将他人的立体商标或立体商标权的商品进行 3D 扫描，然后获得 3D 打印的相关数据后，自行用 3D 打印机进行生产制造，并转售他人，是否构成商标侵权？或者在此情况下，将获得的 3D 打印所需的数据，上传到网上售卖或免费提供给他人使用，是否承担法律责任？

该章将针对以上问题分别进行具体探讨。

第七章提出了一个新的概念——3D 打印权。即随着 3D 打印技术的发展，未来是否需要产生一种新型的知识产权——"3D 打印权"？是否需要将 3D 打印的某些行为纳入合理使用的范围，从而调整知识产权制度中"合法"与"违法"的界限，以适应新的生产方式和社会发展的需要？如果创设新的 3D 打印权，这是一种什么样的权利以及我们为何需要这样的新型知识产权？保护期限如何确定？保护客体与内容是什么？3D 打印权与传统的版权、专利、商标的关系是什么？

第八章是结语。小结全文的研究内容、基本观点、创新点，并提出研究的局限性，以及对未来研究的展望。

第二章
概论：3D打印为何引领新一轮工业革命

一、3D打印概述

（一）3D打印技术的起源与发展

3D打印技术，也称加法层积制造技术（Additive Layer Manufacturing）。3D打印的概念可以追溯到20世纪70年代。1974年10月3日，《新科学家》（*New Scientist*）上发表了一篇论文，是David Jones用笔名Daedalus发表的有关3D打印的论文。

3D打印的第一件专利授权于1977年。1977年，Wyn Kelly Sawinson的专利将3D打印由概念变成现实。当然，从严格意义上讲，Sawinson也有相同的理念或想法，他1971年即提交专利申请，比Jones论文的发表时间还早一些。

1986年，3D Systems公司发布了第一款商用3D打印机，并希望如同互联网那样迅猛。互联网在不到10年的时间里就对音乐与电影的复制、分发影响巨大。然而3D打印机却似乎有点慢，直到20多年后的今天才有了长足的发展，才有了工业级和消费级的3D打印机系统。

一旦成为数字形式，很多东西极易复制。这就意味着保护跟这种立体化的产品有关的知识产权和其他在线可复制的文章一样困难。在线的版权侵权问题有多复杂与困难，在线3D打印的知识产权问题就会有加倍的复杂与困难。

Games Workshop指控在线平台Thingiverse提供分享3D设计以供用户下载，即明显的例证。该案显示出3D打印技术在与互联网技术结合的情况下，产生出许多与知识产权有关的，甚至是无法想象的事情。

我们先从3D打印的技术及其应用领域出发来介绍说明3D打印。

（二）3D打印技术及其特点

什么是3D打印技术？简要说来，3D打印技术是一种层积制造技术。其主要流程是，先应用计算机软件设计出立体的模型、加工样式和数据，然后通过特定的成型设备（3D打印机），用液化、粉末化、丝化的固体材料逐层添加，如同传统的喷墨打印机一样，打印出产品。

3D打印技术的特点主要有这样几点。

其一，3D打印技术是"增材制造"的主要实现形式。"增材制造"的理念区别于传统的"去除型"制造。传统数控制造一般是在原材料基础上，使用切割、磨削、腐蚀、熔融等办法，去除多余部分，得到零部件，再以拼装、焊接等方法组合生产制造出最终产品。而"增材制造"与之不同，无须原胚和模具，就能直接根据计算机图形数据，通过在某一个基点上，采用不断微量地增加材料的方法生成任何形状的物体。这种增材制造，可以极大地降低成本，提高经济效率；同时也为个性定制、个人工厂带来极大的提升空间。

其二，3D打印技术轻松实现从数字形态到实体形态的自由转换。这为实体以数字化形式进行网络分享、分发打下了基础。由此，分布式工厂、家庭或个人工厂成为现实。3D设计与3D扫描、3D打印在互联网的助力下，将会以人们难以想象的种种创新商业模式得到极大发展。

其三，3D打印技术的应用领域极为广泛。3D打印技术以其先进的制造理念与方法、个性的特点和广泛的适应性，应用于各行各业。这些行业既包括机器装备、汽车轮船、机械电子等传统制造业，也包括航空航天、珠宝首饰等高附加值、高技术行业，甚至可以用于食品、医疗、武器、生物等领域。下文还将详述其应用。

其四，3D打印技术的局限性。目前主要限于材料及其材料相关工艺技术、打印精度等，3D打印的应用还远远未发挥到其应有的程度。如果未来应用于3D打印的材料及相关工艺得到突破，材料成本进一步降低，3D打印精度进一步提高，3D成型技术得以提升，3D打印的时代将会来得更为迅猛。

（三）3D打印技术的应用

1. 3D打印技术的应用领域概述

3D打印技术不仅从现有应用领域来看较为广泛，而且还给未来留下了极为广泛的成长空间。

目前应用的领域有：（1）航空航天；（2）汽车、自行车及其零部件；（3）珠宝首饰；（4）医疗康复行业；（5）艺术设计行业；（6）各种产品样品、模型设计制造行业；（7）其他高附加值行业。

随着技术的发展，将来有可能产生新的应用、新的商业模式。网络因素的加入，让3D打印的应用有了崭新的发展，比如涌现出一些专门提供3D打印文件上传、下载以供分享的网络平台。美国已经出现了一些3D打印的店铺，设置在大学、研究院所以及商业区，以供人们打印各种3D产品。

未来还极有可能会出现3D打印的加工厂，各地的分中心或连锁店，这也是一个可以期待的应用方式。

2. 3D打印技术的应用实例：牙齿的医疗康复领域

3D打印技术将数字化设计的效率带到医疗康复领域的牙齿的复制生产之中。通过使用口腔扫描、CAD/CAM设计和3D打印，牙科医生可以准确、快速地生产牙冠、齿桥、石模型和一系列的矫治器。使用3D打印机，牙科医生消除了手工建模的瓶颈，能促使业务向前发展。人们用3D打印、数字化和自动化的方式实现所有计划的牙齿成品修复，这是一个非常美好的未来。

坐落在美国密歇根州安港的 APEX 牙科铣削中心，是较早采用 CAD/CAM 技术从 CAD 设计图形直接生产牙科部件的用户之一。该中心并未将生产外包给采用传统数控铣床技术的供应商，而是转向内部 3D 打印。在将数字牙科引入其核心业务后，APEX 牙科铣削中心已发现 3D 打印除了可以降低价格，还可以在维持其高质量标准的同时，加快交付速度。

牙科技师传统上依赖手工技术来准备牙冠、齿桥、嵌体、填补物、贴面和框架。虽然他们通常被公认为艺术家，但是手工过程太耗时且不够精确，并且材料可能无法提供最佳的持久性或美观的外形。APEX 牙科铣削中心发现使用 3D 打印机可弥补所有这些缺憾，并且可带来更多惊喜。

APEX 牙科铣削中心对 3D 打印系统的高速操作感到震撼。员工可以很快学会如何使用该系统，并有效地生产，而公司随后发现 Objet 3D 打印机从根本上加快了其正常的制造工作流。在 Objet 的另一款 3D 打印机 Eden 260V 上生产的打印模型能够提供格外细致的细节和出色的表面光洁度，完全满足高标准的实验室团队及其牙医客户所要求的高精确度。

3D 打印机还确保 APEX 牙科铣削中心最终产品的品质一致。打印的模型具有可预测性和一致性，因此可完美贴合并咬合在物理模型上。现在该中心已发展了包含扫描、修复和 3D 模型打印的数字化工作流。此工作流程充分利用 CAD/CAM 技术以及完全数字化的工作流，在很短时间内进行修复。数字牙科流程拥有独特的属性，让 APEX 牙科铣削中心能够接收和处理来自全国范围的口腔内扫描仪的扫描结果。

APEX 牙科铣削中心的 3D 打印系统还能降低成本，并将实验室提升至全新生产力水平，具有高速生产和超高效批量以及多案例处理能力。

3D 打印技术的高速列车持续带动牙科加快改革步伐。对于那些预测总有一天可以数字化处理从计划到成品修复的全过程的人们来说，这一天已经到来。快速制造对牙科实验室而言经济实惠且极具吸引力。使用 3D 打印机系统，APEX 牙科铣削中心可以成为完全现代的牙科解决方案提供商，通过采用 Objet 3D 打印机，APEX 牙科铣削中心以完全数字化的工作流在室内制造任何尺寸或形状的模型。

该中心发现 3D 打印机系统能够持续创造新的业务机会和能力增长。

越来越多的牙科公司现在可以在牙科应用或实验室或通过生产中心使用 3D 打印技术。这将带来巨大的优势，包括：（1）获得新的行业预制和受控材料；（2）获得更高的品质和可重复性；（3）实现与标准化生产链相称的数据存储；（4）改进精密计划和效率。对于 APEX 牙科铣削中心来说，任何有价值的 3D 打印解决方案都必须具有商业优势，如产品更好，加工时间更短或更精确。

3. 3D 打印的应用实例：航空航天领域

风靡全球的 3D 打印技术，正在进入中国高端装备制造业——国产大飞机与三代核电站。北京航空航天大学教授、国家技术发明一等奖获得者王华明致力于在中国高端制造领域推广 3D 打印技术。增材制造技术在国内并非新鲜概念，虽然目前已在航空等领域有所突破，但短期内很难大规模应用于工业生产。

王华明是中国激光增材制造领域带头人、国家技术发明一等奖获得者。他直言，目前媒体上炒作的商业 3D 打印，多用于"娱乐目的"，仅仅是增材制造技术在非金属模型领域的应用，并不代表该项技术的发展方向。[1]

只有高端装备制造领域的高性能金属构件生产或生物医学支架生产等，才能真正发挥 3D 打印的高科技优势。

这对打印材料提出极其苛刻的要求。目前，可供打印的材料品种主要有石膏、尼龙、树脂、金属等，原材料的形态限定在粉末状、丝状和液体状等仅有的几大类，绝非普通意义上的"材料"。

---

[1] 朱玥. 3D 打印进军航空核电 [EB/OL]. (2015-01-27) [2015-03-26]. http://finance.sina.com.cn/zl/energy/20150127/154721409476.shtml.

在工业制造上，某些结构复杂的"异形"设备或零件对加工精度和技术有着极高要求；但是，3D 打印却可以轻松突破这种"几何约束"，理论上会大大降低制造难度和成本。

军用飞行器的相关设备，由于特殊需要，设计非常复杂，传统生产思路从来都是做"减"法。通过切割、磨削、腐蚀、熔融等工序制作零部件，然后再拼装或焊接成最终产品。

这种制造思路工艺复杂，难度超大，还会造成原材料的巨大浪费，且成本不菲。例如，F22 战斗机的机翼和机身连接件，用传统工艺制造，需要三个锻件拼装而成。此时，3D 打印的技术优势就凸显出来，使用钛合金激光 3D 打印技术，就能一气呵成。

国产大飞机使用 3D 打印技术，生产钛合金主风挡窗框、机翼和机体衔接部位。据介绍，中美两国都有计划在战斗机和军用运输机的部分复杂零部件生产上，使用 3D 打印技术。

2013 年，王明华凭借"飞机钛合金大型复杂整体构件激光成型技术"，摘得当年的国家技术发明奖一等奖。但王华明坦承，由于强度和质量控制问题，飞机的关键部件还难以使用 3D 打印。"传统铸造、锻造等制造产业不可替代，3D 打印在成本、质量和稳定性上，都还不能与传统制造业相比。"❶

随着 3D 打印技术逐步向实际使用阶段过渡，它将为航空创造业带来巨大的技术变革。

首先，3D 打印技术可加速新型航空产品的研发。从事过设计的人都知道，产品设计时仅考虑功能是远远不够的，还需要考虑工艺可行性、如何检验、品质如何保证等。3D 打印，特别是金属 3D 打印，使相关核心件的设计完全摆脱了工艺制约。原来铸造不了、锻造不了、机械加工不了的复杂构件，对 3D 打印都不是问题。长期以来，在我国航空工业领域，不是不知道采用什么样的结构可实现更优秀的性能，而是在于，工艺上解决不了，知道应做成什么样子但是实际做

---

❶ 朱玥. 3D 打印进军航空核电 [EB/OL]. (2015 - 01 - 27) [2015 - 03 - 26]. http://finance.sina.com.cn/zl/energy/20150127/154721409476.shtml.

不出来。从这个角度看，金属3D打印技术，使设计人员的巨大束缚减少，使产品研发也变得相对简单快捷。

其次，3D打印技术节省了产品样件研制的费用。传统上的新产品开发，要制造样件，同样需要模具。在产品定型前，模具不需要长寿命，成本可低些，但低得有限。在随后的多次实验中，往往需要根据实验结果修改设计，修改后要再做模具、再实验，重复十次甚至更多次是很正常的。这个过程中，模具制作时间，几乎要占据产品开发时间的一半以上，实验所需时间约占30%；模具制作费用，也要占到开发成本的50%~70%；其他为实验费用、研发人员工资等；模具完成后，样件的加工成本则几乎可忽略不计。譬如，F22战斗机，一种机型开发费用就达数百亿美元，大部分开支就在这上面。3D打印技术，则使产品开发摆脱了样件模具这个过程。设计与制作样件，与制造成熟产品并无二致，不再需要天价的模具费用投入。样件制作时间，甚至可缩短为原来的数十分之一。

再次，3D打印技术可显著减轻飞机结构重量。减轻结构重量是飞机研制的基本技术需求，这直接关系到飞机的燃油经济性。长期以来，传统制造技术已经被发挥到极限，难以再有更大的作为。过去，对于大型复杂构件，制造商用传统工艺无法完成，就拆为几个件分别做，然后再进行组合。如今3D打印技术可以实现零部件一次成型，这不仅增加了零部件的完整性，同时也有助于减轻零部件的重量。此外，通过金属3D打印高性能增材制造技术，还可以在获得同样性能或更高性能的前提下，通过最优化设计来显著减轻金属结构件的重量。

最后，3D打印技术可显著节约昂贵的战略金属材料的成本。由于对高性能有苛刻需求，航空器需要大量使用钛合金等昂贵的高性能、难加工金属材料。但是，很多零件的材料利用率却非常低，多数低于10%，有时甚至仅为2%~5%。大量昂贵的金属材料变成了难以再利用的废屑，同时还伴随着极大的机械加工量。作为一种高性能近净成型技术，金属3D打印高性能增材制造技术可以把高性能金属零件制造的材料利用率提高到60%~95%，甚至更高，同时机械加工量显著减少。

同时也要看到,3D打印技术也有许多缺点限制了它在航空领域中的普遍使用。有以下三点。其一是技术门槛很高。3D打印,特别是金属材料的3D打印近年来在技术上虽取得了突破,但技术上的要求仍不能完全满足。欧美发达国家的企业已经做了很多年有关研究,但仍只能做一些小零件,稍大点就有缺陷。由于在温度控制、材料成分颗粒度和纯净程度、打印速度、激光功率及光斑尺寸调整等方面都有严格要求,相关参数的调节,非经专业培训的人员无法完成。以我国北京航空航天大学王华明教授组的3D打印设备为例,该机器的激光器,国内不能生产,要从美国进口;做军品时,很可能被美国人"卡脖子"。

其二是成本很高。仍以王华明教授的3D打印设备为例,该机器的成本,现在为2000万/套,一年可加工8吨产品。根据工业生产的特点,批量制造后,有可能降到500万/套甚至200万/套。现在打印出来的产品价格为1万元/千克,其中材料费不足1000元/千克,毛利率相当高。目前汽车发动机的成本为80~100元/千克,汽车的成本为50~100元/千克,普通工业(金属类)制成品的价格,与之类似或更低,这个价格只有3D打印的1/100,因此,用3D打印替代传统工艺进行大批量生产,从成本上考虑还是不太可能;也许只有为追求性能而不惜成本的军用航空产品才可以考虑怎么做。

其三是3D打印产品的质量问题。和传统加工方式相比较,3D打印材料性的强度、刚度及机械加工性等仍不够成熟。由于采用层层叠加的增材制造工艺,层和层之间的黏结再紧密,通常也无法和传统工艺零件相媲美。这意味着在一定外力条件下,打印的部件更容易失效。现在,虽然出现了一些新的金属快速成型技术,也有个别报道认为3D打印产品强度性能上可接近同类锻造产品,但要真正作为飞机的主要结构受力构件,仍不足以令人放心。此外,由于3D打印分层制造存在台阶效应,每个层次虽然很薄,但在一定微观尺度下,仍会形成具有一定厚度的一级级"台阶",如果需要制造的对象表面是圆弧形,那么就会造成精度上的偏差。表面工艺不够精细,通常需要二次加工，但对于表面不够精细的飞机细长体以及薄壁体金属构件来说，3D打印反而会给构件的二次加工带来更大的困难。另外，3D打印过程中，构件反复受热，应力非常复杂，大型件更容易变形，会导致精度降低。❶

在美国，3D打印技术应用于国防军事也有实际案例。位于得克萨斯州Wichita Falls的Sheppard空军基地的训练机开发飞行（TDF）是一个用于设计、开发和制造训练机和训练辅助品的设施，服务于空军，并视需要服务国防部（DoD）下属的其他任何分支。这些产品用于多种训练环境，包括航空电子、武器和油料系统、医疗战备、HVAC和远程通信系统。

这些训练机和训练辅助品可能是原创产品，也可能是现有产品的复制品，视训练需求而定。某些设备并不要求真正能够工作，因此购买真正的产品往往并不划算。对于大多数训练应用，更为经济的方式是在复制品上训练学生，而不是在极为昂贵的设备上训练。TDF使用直接数字制造来制造其大多数训练产品。为此，它集中地采用了七台FDM增材制造设备，并在整个工艺中融入了精简工艺。❷

4. 3D打印的应用实例：日常用品与3D巧克力

3D打印机可以打印许多日常用品，甚至3D巧克力。3D Systems公司推出名为"立方体"（Cube）的家用3D打印机，可打印义肢、助听器、鞋子等物品。打印机定价1299美元，配备25个模板，可无线上网。3D Systems公司负责全球市场营销的副总裁凯西·刘易斯接受微软全国广播网采访时说："有了3D打印，一切不再复杂。3D打印机几乎可以创造任何东西。"

一些国家的研究人员不约而同地研发食物3D打印机。美国康奈

---

❶ 沈海军. 航空领域中的3D打印技术 [EB/OL]. (2014-11-16) [2015-03-26]. http://blog.sciencenet.cn/blog-39356-843764.html.

❷ Stratasys Ltd. 国防案例研究：3D打印总能解决您的燃眉之急 [EB/OL]. [2015-03-26]. http://www.stratasys.com.cn/resources/case-studies/defense/sheppard-air-force-base?returnUrl=http://www.stratasys.com.cn/resources/case-studies?industries=%E8%88%AA%AA%E7%A9%BA%E8%88%AA%E5%A4%A9.

尔大学研制的食物3D打印机主要由注射器构成，使用奶酪、巧克力、蛋糕糊等特殊"墨水"。使用者按下"打印"键后，食物打印机依照电子图纸，将注射器内各种食材"墨水"按照行列、层叠顺序依次"打印"。电子图纸如同食谱，精准规定注射器"喷墨"的先后顺序以及各种食材如何分布堆叠。美国伊利诺伊州芝加哥市莫托餐厅名厨霍马罗·坎图说，他已利用食物3D打印机制作出寿司。3D巧克力打印机使用液态巧克力做"油墨"，可打印出既具实用功效又能食用的巧克力日用品。

5. 3D打印的应用实例：珠宝饰物

在2014年的香港珠宝首饰展上，全球领先的贵金属制造供应商Cooksongold与其战略伙伴——著名3D打印机制造商EOS共同推出的Precious M 080直接金属激光烧结系统，引起公众关注。目前，珠宝行业在应用3D打印技术开发制造珠宝时，往往是先3D打印一个精细的蜡模，然后再用失蜡法浇铸成型。而Precious M 080是全球第一款可直接3D打印贵金属（比如黄金）的3D打印设备。直接地讲，EOS与Cooksongold开发的这款产品，就是用于直接3D打印珠宝首饰以及高档手表的。

所谓直接金属激光烧结（DMLS）技术就是使用高能激光束逐层向上熔化和固化精细贵金属粉末来构建3D对象。Precious M 080系统内部配置了一个100瓦的光纤激光器，提供了卓越的光束质量和功率稳定性，可用于打印高品质的零部件。Precious M 080系统的光点尺寸小，打印的分辨率极高，可以出色展现细节，创造出最精细的结构。Precious M 080的给料系统是基于粉墨盒的，它包括一个采样盒，便于移除粉末，可以根据不同的作业快速切换金属粉末。

该系统具有一个80毫米直径的圆形构建平台，工作行程为95毫米（高度，包括构建平台本身）。Cooksongold生产的金属粉末专门进行了优化，以匹配Precious M 080系统的性能要求。目前，该系统可以使用各种黄金合金打印3D对象，未来还将开发其他贵金属材料，

以满足客户的不同要求。❶

美国洛杉矶的 MOCCI 工作室是由一群雄心勃勃的工程师、艺术家、创业者成立的，该工作室成立的目的就是致力于用高科技手段为每个人制造珠宝首饰。该团队认为，珠宝的未来在于定制化，目标就是用 3D 打印技术以一种简单方便的方式帮客户实现定制化。

他们花了 9 个月时间去了解 3D 打印、Arduino（电子原型平台）和物联网。他们的第一款系列首饰共有 6 件，是使用多种不同的 CAD 软件设计出来的，这些软件包括 Blender、3D Max、ZBrush 和 AutoCAD 等。每件首饰都可以由客户设置重量、形状和功能。MOCCI 团队成员许多都是南加州大学、美国时尚设计商业学院（FIDM）和圣莫妮卡学院（SMC）的学生和毕业生。为了制作珠宝原型，他们使用一所大学制造实验室的 Makerbot 3D 打印机、3DHubs、Shapeways 以及"手边上能够使用的任何 3D 打印机"。❷

为了造出成品首饰，他们首先要 3D 打印出蜡模。然后通过失蜡法铸造 MOCCI，与本地专门从事 3D 打印首饰铸造工艺的 Jewelry District 公司合作，完成珠宝制作的最后环节。

MOCCI 工作室把他们制作的首批首饰带到了众筹平台 Kickstarter 上，希望通过众筹募集到足够的启动资金。他们的每件首饰都是由黄铜表面镀 22K 金制成的，这种材料支持的最小壁厚为 0.8 毫米。这些首饰制成后还经过了大量的手工打磨以呈现出光滑、明亮的表面质量。

成立于 2011 年的韩国 Jewel District 公司也加入 3D 打印服务行列，推出了 3D 打印首饰服务。Jewel District 的理念很简单，用户自己进行珠宝设计，然后将他们设计好的 3D 文件上传到 Jewel District，当然也可以选用 Jewel District 提供的 3D 模型（包括项链、耳环和戒指等），选择银或铜材质，再选择电镀饰面等。根据所选材料，一般 3D 打印

---

❶ 专门制作珠宝首饰的 Precious M 080 3D 打印系统［EB/OL］.（2014 - 09 - 17）［2015 - 03 - 26］. http：//blog. sina. com. cn/s/blog-d39b40650102vojd. html.

❷ MOCCI 工作室使用 3D 打印技术来制作珠宝［EB/OL］.（2014 - 09 - 30）［2015 - 03 - 26］. http：//www. 3ddayin. net/zx/8191. html.

首饰可以在 10 天内完成。价格方面，Jewel District 的 3D 打印首饰服务取决于商品大小、材料和光洁度，比如银质 3D 打印饰品价格为 30 美元，每增加 1 立方厘米额外收取 20 美元。[1]

Jewel District 位于韩国首尔的心脏地带，其软件工程师和珠宝设计师协作推出力求完美的珠宝设计，将 3D 打印首饰服务提供给世界各地。

6. 3D 打印用于艺术设计

3D 打印技术还可大量用于工艺品、古代物品的设计和复制、再现。在技术保障的前提下，收藏者可以寻求私人定制品，例如，通过 3D 打印机与远程对接，形成艺术品定制行为，顾客可以购买设计图，之后自行打印，既能保证艺术品的独一无二，还能大幅减少中间环节的物流费用。

四川广汉三星堆博物馆引进了 3D 扫描仪和打印机，复制一件文物的误差不超过 2 微米，即便是专家，不通过特殊仪器，也看不出差别，扫描差不多要两三天时间，打印只用 10 个小时。博物馆将为每一件文物建立 3D 档案，还将建立数字展厅，向人们全方位动态展示馆藏文物，包括文物的内部。相关负责人表示，以前仿制文物或修复文物，都必须要在原文物上面覆泥模，然后再做蜡模，会对文物产生一些污损。以往需要用人工描线和制作模具，制作一件青铜器仿制品，工匠大约需要 1 个月的时间。现在只用一个多星期扫描打印建模，一个多星期制作就可以了。据业内人士介绍，如今的技术已经可以做到，只需要有一个残件的碎片，就有可能复原整个器物，前提是图案对称、连续。

荷兰阿姆斯特丹的梵高博物馆也利用 3D 打印技术成功复制了梵高的油画。通过 3D 打印技术复制再造的油画，不仅在图画内容和颜色上更加贴近原作，在油画质地和纹理上也能达到惊人的相似程度。

3D 仿制是把双刃剑，存在知识产权的问题。有人将其看作是艺

---

[1] 韩国 Jewel District 推出 3D 打印首饰 [EB/OL]. [2015-03-26]. http://www.3dzu.net/2014/04/25/2195.

术品造假的"帮凶",像制壶大师顾景舟的作品就曾被仿造过。据悉,制作者可以在不接触紫砂壶的前提下,获取紫砂壶的精确三维数据,并且通过专业的软件作数据处理,结合软件分析,用3D打印技术制作出大小1∶1的树脂样品;再通过制壶师揣摩和对照,同时分析原茶壶的泥料,使用数据处理工具编辑,拆分成壶嘴、壶把、壶身、壶盖等零件。然后再次放大比例"打印"树脂样品,请紫砂茶壶制壶师使用专业的制壶模具制作样坯。再经过数次烧制、调整,最终制成的紫砂壶和样本之间器型的相似度达到95%以上,成功率和相似度高于按传统工序的翻制。不过,业内资深人士认为,这类仿品烧制的温度存在问题,成品的收缩也会有差异,泥料本身和原茶壶作品有区别,透气性就会有区别,还达不到原茶壶的水准。

其实不只是3D打印技术对于艺术品的复制,很多3D打印技术的应用都会涉及是否侵犯知识产权的问题。

(四) 3D打印技术本身的专利分析

目前,美国的企业和高校掌握着3D打印技术的大量核心专利,在拓展商业和应用领域、建立和形成产业链以及市场占有率等各方面都处于世界领先地位。美国政府在国家层面推出了"先进制造国家战略计划",将3D打印技术列为未来美国最关键的制造技术之一,以期通过该技术和产品的领先地位重振制造业。我国也拥有具有自主知识产权的3D打印设备和技术,研发工作进展基本与国际同步。

国外3D打印技术的发展以企业为主导,尤其以美国的设计、制造、销售全产业链模式为典型代表。美国的3D Systems公司是全世界最大的快速成型设备开发公司。1986年,3D Systems公司推出了第一款工业化的3D打印设备。2011年11月收购3D打印技术的发明者和最初专利拥有者Z公司之后,3D Systems公司奠定了自己在该领域的龙头地位。❶ 除3D Systems公司外,美国Stratasys公司在全球3D打印

---

❶ 王雪莹. 3D打印技术与产业的发展及前景分析 [J]. 中国高新技术企业, 2012 (26): 3-5.

机行业中也占有大量市场份额。波音、通用、苹果等大企业已经开始应用 3D 打印设备服务于自己的产品开发,而中小企业对 3D 打印设备的应用主要依托大学、研究所,甚至由六七个人组织的服务机构,以一台或数台成型机为中心进行。

3D 打印技术需要材料、制造、信息学科的交叉融合。在我国该技术发端于高校的机械制造学科。自 20 世纪 90 年代以来,国内多所高校开展了 3D 打印技术的自主研发工作,并进行了一定程度的产业化运作。西安交通大学、华中科技大学、西北工业大学等高校和中航激光等企业在快速成型设备、设计与成型软件开发等方面开展了研究,申请了相关专利,同时在实际应用和产业化方面也进行了积极探索。华中科技大学史玉升团队研制的"选择性激光烧结成形装备与工艺"技术,获得 2011 年度国家技术发明奖二等奖。但在该领域专利技术成果的产业化、效益化方面,我国与国外还有一定差距。

根据国内外专利情报数据的分析,1995 年前,国外 3D 打印领域的专利申请量增长缓慢,但之后出现了快速增长,并在 2003 年达到高峰,专利权人基本稳定,已处于技术发展的相对成熟期。国外 3D 打印领域的专利权人以企业为主,其中,美国的 Z 公司和 3D Systems 公司是该领域的技术水平领先者,进行了持续的研发和创新,同时它们也是进行产业化运作的主要企业。[1] 国内在 20 世纪 90 年代初才开始涉足 3D 打印领域,由于受到技术研发成本高等方面的约束,一度发展缓慢,相关专利申请量直至 2006 年后才出现快速增长。目前,国内的相关专利申请主要由高校和企业提出,研发能力较强的申请人基本都是高校和科研机构,如华中科技大学、西安交通大学、西北工业大学等。

在专利申请的内容方面,美国 3D Systems 公司和 Stratasys 公司的专利申请的技术侧重点集中在 3D 打印工艺、相关设备的控制、3D 打

---

[1] 刘红光,杨倩,刘桂锋,等. 国内外 3D 打印快速成型技术的专利情报分析 [J]. 情报杂志,2013 (6):40-46.

印设计软件等方面。❶ 我国相关企业和高校的申请重点集中在打印工艺和成型系统等方面。通过专利检索发现，华中科技大学在该领域的专利申请量较多，主要涉及粉末材料选择性激光烧结技术、叠层制造技术、光固化成型技术的工艺研究和成型系统的开发，如公开号为CN102266942A 的发明专利申请涉及直接制造大型零部件的选区激光熔化快速成型设备，其可用于大尺寸、高精度和复杂结构致密零部件的制备；公开号为 CN101391302 的发明专利申请涉及一种热等静压金属包套的整体快速制造方法，其将激光粉末快速成型与热等静压技术复合起来，实现了复杂形状零件的整体、快速和低成本制造。西安交通大学基于光固化快速成型技术在成型工艺、成型系统研发等方面申请了大量专利。对比可知，在 3D 打印工艺和成型系统研发方面，我国的研发水平与国外基本同步。

目前，技术上比较成熟的 3D 打印材料有金属、石膏、塑料、树脂、淀粉和陶瓷等。美国波音公司已经在部分飞机上装配了通过将钛合金熔化后层层叠加制作出的复杂钛合金零件。在生物医疗领域，利用骨骼器官等有机原料三维制造出的骨骼器官已经进行了临床应用。新打印材料的开发是 3D 打印技术工业应用领域扩展的前提，材料工艺的发展限制了 3D 打印技术的应用范围。在这方面，国外处于领先地位，如以色列 Objet 公司的相关专利申请有 US2010/0140850A1 和 US2007/0032563A1 等，该公司为 Connex 系列多材料 3D 打印系统开发了涉及不同刚性、不同韧性、不同透明度的"数字材料"，使得设计师、工程师和制造商能够非常精确地模拟其最终产品的材料性能。❷

中国国内的相关专利申请数量较少，这主要是由于开发新材料还需要同时开发新的测试工艺和方法，并对材料成分、材料特性、材料成型工艺和零件结构进行深刻研究，材料及相关工艺开发的系统性要求高，难度较大，我国与国外的研发水平有一定差距，这在一定程度

---

❶ 薛亮. 3D 打印双雄会——Stratasys 与 3D Systems 专利布局对比分析 [J]. 中国发明与专利，2013 (5)：48 - 53.

❷ 黄健，姜山. 3D 打印技术将掀起"第三次工业革命"？ [J]. 新材料产业，2013 (1)：62 - 67.

上制约着我国3D打印技术的发展。

二、3D打印的科技哲学分析

（一）生产方式的变革：从做减法到做加法

3D打印技术看起来似乎并无多少神奇之处。然而与传统的生产制造技术比起来，又简单而神奇。传统的生产方式大多是以做减法为主的加工方式，这些加工方式包括车、钻、刨、铣、蚀刻技术等，都是在一种比较大的原料上，进行各种减法式的加工作业。

钻，即是在原来的材料上钻出孔。现在大多用的是数控钻床。主要用于钻孔、扩孔、铰孔、攻丝等加工。在汽车、机车、造船、航空航天、工程机械行业，尤其对于超长形叠板，纵梁、结构钢、管型件等多孔系的各类大型零件的钻孔加工当为首选。

铣，即是将原料通过铣刀铣掉一部分。数控铣床是在一般铣床的基础上发展起来的一种自动加工设备，两者的加工工艺基本相同，结构也有些相似。数控铣床分为不带刀库和带刀库两大类。其中带刀库的数控铣床又称为加工中心。

车，也是切削掉某些部分。用车床加工是一种常用的机械加工方法。车床主要用于加工各种回转表面，如内、外圆柱面，圆锥面，成形回转表面及端面等，车床还能加工螺纹面。若使用孔加工刀具（如钻头、铰刀等），还可加工内圆表面。车床在一般机器制造厂的金属切削机床中所占的比重最大。刨削加工是用刨刀对工件作水平相对直线往复运动的切削加工方法，主要用于零件的外形加工。

蚀刻技术，则是将材料使用化学反应或物理撞击作用而移除的技术；光化学蚀刻（photochemical etching）主要是通过曝光制版、显影后，将要蚀刻区域的保护膜去除，在蚀刻时接触化学溶液，达到溶解腐蚀的作用，形成凹凸或镂空成型的效果。

以上这些传统的加工方法，都有一个共同的特点，就是都在一个较大的原材料基础上，按照设计的精度和方法，去除不需要的部分，保留需要的部分，然后利用留下来的部分实现产品。

3D打印技术却是完全相反的。3D打印技术不需要在已有原材料上做减法，而是直接做加法，从零开始，按需添加原料。根据设计所需，按照需要和既定结构，一点一滴地逐层累积，成型，继而形成各类3D打印产品。

这样一来，需要多少原材料，则用多少原材料。3D打印自然就比做减法的传统加工方法减少了对原材料的浪费，此种方法上的变革，就顺理成章地带来降低材料成本、节约资源的良好效果。

不仅如此，这种从做减法到做加法的生产方式的变革，除了生产成本的降低外，还有其他方面的一些影响。

其一，设计思路发生变化。原有的生产方式，设计以平面为主，从点、线、面到立体，现在3D打印则是从立体设计开始，细化到各个面。

其二，生产精度也将变化。原有的生产方式以去除不需要的部分为手段，生产精度始终有限；3D打印则以3D打印机的精度为限，设计时的精度有近乎无限的空间。

其三，生产复杂结构的难度降低。3D打印能生产一些传统的加工方式所不便或不能生产成型的结构。例如，一些不仅外部有各种形状，内部作为封闭体的内面也存在不同结构的部分。因为3D打印这种独特的方式，使得内外均有复杂结构的产品也有可能一次成型，而传统的加工方式则很难做到，并且大多采用多种方式结合，多次完成，甚至最后拼接零件才能完成。

（二）复制维度的变革：从平面到立体，从立体到立体

平面是基本的二维对象。立体对象是三维的，具有长、宽、高三面的物体。传统的复制维度是二维的。复印机复印，将其上面的文字内容复制到另一张纸上，这是二维的复制，也是最为常见的一种复制方式。这时，纸张只是文字或其他知识内容的载体。这种复制方式催生出版权的保护。后来，从图纸到生产实物，从设计图、产品图到产品，这里暗含从平面到立体的复制。最为典型的就是房屋建筑领域的

设计图，然后根据这样的设计图修建完成为立体的房屋。设计图拥有版权，独特的房屋设计本身也是拥有版权的载体。这可以说是从平面到立体的复制，是一种特殊的二维复制。

现在3D打印将复制的维度再提升一个层次，那就是从立体到立体的全方位复制。这种复制既可以是任意比例的缩小或放大，也可以原物复制；既可以从三维数字状态加工成三维实物状态，也可以从三维实物状态再次反向推导到三维数字状态。这就使得复制本身的层级实现了质的飞跃。众所周知，我们生活在一个三维的时空里，如果加上时间，就是四维。在物质与运动的空间里，除去时间这个重要的一维外，三维的实物就是我们整个实物世界的展现。

这就意味着，人类掌握了三维技术，就可能复制出整个实物世界的任何事物。就连生命体也不例外。当然，这也需要材料技术、生物技术的配合以及这些技术的进步。

（三）网络时代的变革：当3D技术遇上互联网

网络时代的特征就在于，一切都有了新的网络化方式。这种网络化，对于社会来说就是新增了一个网络空间，但这个虚拟的空间，只要与人实实在在地联系起来，就有可能改变世界原来的运行方式。

网络时代让一切都有了可能，特别是个体的力量得到了极大的拓展。3D技术与网络技术相结合，如虎添翼。人们通过网络可以分享3D打印文件，可以协调3D打印的网络应用，可以组成更为复杂的3D网络应用平台，等等。这些都极有可能为未来的3D应用催生出新的商业模式、新的知识产权机制。

3D打印技术遇上网络的叠加后果之一，就是科技力量的叠加，带来生产方式的变化，继而可能形成新的生产关系。这种新的生产关系，有可能导致知识产权不能与之适应，于是就会引发一定的变革。

为何如此说？3D打印技术让人们有机会、有能力轻松实现从立体到立体的复制，从数字形态到实体形态的自由转换。网络是计算机与通信技术发展起来的产物，尤其是数字信号在网络上的传播，使任何与数字形态有关的事物，都获得了广泛、快速的发展。

这种网络空间里，传播的快速、时间的无限、空间的无限与虚拟，都会极大地促进先进技术的运用和再生。虚拟空间与现实空间的可转换性，以及数字信号的可共享性，让网络化的事物如同阳光、空气一样遍布四周，如同流水一样四处流淌。人们在享受网络化带来的益处时，也面临知识产权本身的专有性、独占性有所淡化与消解的风险。分享各类资讯、文档成为网络平台的拿手好戏，然而未获许可的免费分享，毫不节制地散发与传播，也成为知识产权拥有者挥之不去、无可奈何的噩梦。他们既无法从中获得应有的收益，也无力有效阻止大规模网络上信息传播带来的市场损害，唯一的好处可能在于从侵权中获得一定的"名气"。网络成为知识产权执法意义上最具挑战性的空间。

三、3D 打印的历史视角

从语言到文字，需要几万年；从文字到印刷，需要几千年；从印刷到电影和广播，用了 400 年；从第一次试验电视到从月球播回实况电视，只用了 50 年。在历史上，传播技术和传播媒介参与了一切意义重大的社会变革过程，包括智力革命、政治革命、工业革命和道德观念的革命。传播技术领域的革命促使了著作权法的产生和发展，从一定意义上说，著作权制度的发展史，也是传播技术进步的历史。

在传播技术领域，较之印刷技术而言，电子传播技术对著作权制度的影响也是极为深刻的。这主要涉及四个方面的问题：第一类属于新的作品形式，包括电视节目、有声书籍、电子杂志、电影、计算机程序；第二类属于复制手段，包括静电复印、缩微胶片、各种磁带录制；第三类属于储存手段，包括计算机存储和检索系统、录音录像磁带、电子图书馆等；第四类属于通信传播手段，包括有线和无线电视广播图、光导纤维传输系统、通信卫星等。传播技术革命必然带来著作权制度的创新和变革。这里，我们重点从印刷术与版权、复印机的出现与版权、3D 扫描与 3D 打印与版权诸多方面略作梳理。

第二章 概论：3D打印为何引领新一轮工业革命

（一）印刷术与版权

大多数西方学者把德国人古登堡（J. Gutenberg）开始应用活字印刷术看作版权保护的开始，而著名学者郑成思先生则指出："如果版权确实是随着印刷术的采用而出现的，它就应当最早出现于中国。"❶由此，郑先生推断，版权制度最早确实起源于中国，"中国自宋代确曾出现过对作者（而不仅仅是出版者）的创作性劳动成果的保护，即版权保护。"❷郑先生的研究引起了国外学者的关注。但是也有学者并不完全认同郑成思先生的观点，周艳敏、宋慧献就认为，如果早期作为印刷控制手段的书商特权就是版权制度，那么就可以说，版权制度早在15～16世纪之交的意大利就已经产生了，郑成思先生认为中国宋代已经产生了版权制度的观点也能成立。按照这种思路，甚至可以把它追溯到中国更早的时代。如果是这样，英国安妮女王法中诞生的只是版权制度的一种形式而已，并非版权制度的标本。所以这一观点尚有待商榷。❸

以复制技术为基础的版权离不开印刷技术的发展。但是从古登堡成功应用活字印刷的1450年，到英国安妮女王法诞生的1710年（其他欧陆国家迟至1800年前后才有相关制定法），现代版权制度比活字印刷术晚了至少250年。

1450年，德国人古登堡进行的金属活字印刷技术获得成功，并开始投入产业实践。

在随后不到50年的时间里，印刷术很快传遍西欧各国，在教会支持下沿着主要城市之间的贸易路线成放射状传向欧洲各地区。❹与手抄书时代相比，印刷使得图书复制变得容易、迅速而廉价。由此，

---

❶ 郑成思. 版权法（修订本）[M]. 北京：中国人民大学出版社，1997：2；郑成思. 知识产权论[M]. 北京：法律出版社，1998：15.
❷ 郑成思. 知识产权论[M]. 北京：法律出版社，1998：24－25.
❸ 周艳敏，宋慧献. 古登堡之后：从印刷特权到现代版权[J]. 出版发行研究，2008（9）：75－79.
❹ 中国大百科全书·新闻出版[M]. 北京：中国大百科全书出版社，1990：338.

3D打印的知识产权挑战与制度创新

一方面,所有的人,尤其是下层民众开始有机会阅读大量书籍资料,知识从此可以迅速传播;另一方面,大众对图书的需要形成了一个巨大的书籍市场,给印刷商提供了无限商机。16至17世纪,在西欧各国政府对印刷出版行业进行管理与规制的过程中,诞生了一种包括许可(license)、专利(patent)和审查(censorship)等多种因素在内的行业管制制度(regulation)——印刷特权,进而演变成为现代产权制度,即版权(copyright)。

印刷领域的特权最早产生于意大利。斯派尔的约翰最早把印刷术带到了威尼斯,威尼斯政府为此于1469年授予他对印刷业拥有为期5年的垄断。随后又产生了针对具体图书的印刷特权。法国王室最早给予印刷商的特权发生于1507~1508年。最早获得特权的是宗教文本。从16世纪初到18世纪初的200年间,英国现代印刷业、出版审查制度与印刷出版特权三位一体,同时经历了产生、演变与发展的历程,为现代版权法的制定做了充分的制度准备。1530年,皇家教士约翰·鲍斯哥瑞夫(John Palsgrave)就其所撰法语课本被授予出版特权,为期7年,这被认为是英国的第一个作者特权。[1]

1640年英国革命爆发,王室出版审查制度暂时停止,书商公司也失去了政治靠山,市场垄断被打破。1695年,英国特许法被废止,英国的出版前审查制度终结。面对市场垄断的失去,书商集团并不甘心。在10多年间,他们多次借口维护书业秩序,上书议会,要求恢复出版许可制,但由于知识分子,尤其是文学家以为保护自己知识产权为目的的参与,使一直以来维护市场秩序和书商利益为前提的立法要求,改变为以酬劳创作者、鼓励创作,繁荣文化事业为目的的立法要求。在此背景下,安妮女王法于1710年获得通过。书商特权的时代结束,从书商特权到现代版权,实质性变化主要包括:权利主体从书商变为作者;保护版权的目的在于激励创作,促进文化发展;版权保护是有时间限制的。但是,书商特权为现代版权奠定了基础,主要

---

[1] ROSE M. Auther and Owners: The Invention of Copyright [M]. Cambridge: Harvard University Press, 1993: 11.

包括：在观念上，作品的印刷出版权可以成为一种财产权。❶

（二）复印机与合理使用

复印机的出现，让人们对于版权上的复制更加容易。复制包括对作品内容的再现和作品表达形式的重复。复制的方式包括重制原件和仿制原件。《著作权法》规定著作权包括复制权，即以印刷、复印、临摹、拓印、录音、录像、翻录以及翻拍等方式将作品制作一份或者多份的权利。依此规定，我国的复制权是仅指以同样形式制作成品的权利，而不包括以不同于作品的原来形式表现该作品的权利，如由图纸到建筑物的复制则不认为是复制。复制权是著作权人决定是否复制或许可他人复制并由此获得报酬的权利。这种复制权的表现之一就是以图书、报纸、期刊等印刷作品形式复制和传播作品。

静电复印机的出现，使大规模复印文字作品变得极为便利，即使复印机尚未达到把每个人变成印刷商的普及程度，但大量的著作权作品已事实上被个人、学校、图书馆复制使用，并对社会公众购买与复印作品的习惯产生了巨大影响。据英国政府20世纪80年代关于著作权立法绿皮书的报告，在英国仅因家庭录制一项就使著作权人和艺术家损失约5000万英镑。由于电子传播技术具有不同于传统印刷术的技术特征和普及程度，上述复制或录制行为通常都是在著作权人察觉不到的情况下进行的，因而对此既无法监视，又无法禁止。

试以中国高校附近的复印店形态为例。几乎在每个高校及其周边地区都存在着竞争激烈的复印市场。每到一处，光电复印机都在高速运转，而大批复印成册的书籍正在被装订、等待被领取。这种大规模的图书复印确实解了囊中羞涩的莘莘学子的燃眉之急，同时面对"这种大规模的复制是侵权行为"的指责时，大多数人都拿出了《著作权法》第22条中关于"合理使用"的条款来证明其行为的合法性。

据国家版权局新闻报道，京版十五社反盗版联盟对全国各高校暗

---

❶ 周艳敏，宋慧献. 古登堡之后：从印刷特权到现代版权[J]. 出版发行研究，2008（9）：75-79.

访、调查的结果显示,目前高校校内及周边的复印店已经具备一定规模,而且承揽复印图书的现象十分严重,甚至有在校园内取代正版图书的态势。2014年春季开学期间,联盟专门组织力量对全国15个省份的80所高校校内及周边的复印店进行了走访,他们发现,这些学校内及周边都分布着数量不等的复印店,大部分复印店集中在学校生活服务区、学生公寓及校门周边等区域。一本教材复印加装订的价格仅相当于正版教材定价的1/3,而且部分复印店还配备了大型复印机和较为专业的胶订机,生产效率很高。❶

依据《著作权法》第47条第1款规定,未经著作权人许可,复制、发行其作品的,属于侵权行为;但同时,《著作权法》第22条也规定,个人为学习、研究或欣赏使用他人已经发表的作品,可以不经著作权人许可。因此,学生主动拿教科书或参考书去复印店整本或者部分复印,只要是用于个人学习或研究,依据《著作权法》,该行为不能看作侵犯著作人权益的侵权行为。假设是复印店主动将整本或是部分复印好的教科书或参考书向学生进行出售,则触犯了《著作权法》。因为,复印店在没有征得著作权人同意的情况下,复制著作权人的作品并向公众进行传播,违反了《著作权法》第47条的规定,侵犯了著作权人的著作权。

早在2006年,国家版权局就曾针对高等教育出版社下发过《关于校园周边复印店复印、销售材料是否构成侵权的答复》。在答复中,国家版权局认为:根据《著作权法》第47条规定,未经著作权人许可,复制、发行其作品的,属于侵权行为,应依法承担相应的民事责任;同时损害公共利益的,应依法承担相应的行政责任。学校周边复印店未经作者许可,复印他人的教材并向学生销售属于侵犯著作权的行为,侵犯了作者和出版社的合法权益。复印店应依法承担相应的法律责任。

在某些情况下,比如图书馆等为收藏需要复制时,应当有一定的

---

❶ 中国版权局. 刹住高校教材复印风 [EB/OL]. (2014-09-25) [2014-10-20]. http://www.ncac.gov.cn/chinacopyright/contents/4509/227540.html.

合理限制。

台湾"著作权法"第48条，对于图书馆的复制有着严格的条件与数量的限制。该条规定，"供公众使用之图书馆、博物馆、历史馆、科学馆、艺术馆或其他文教机构，于下列情形之一，得就其收藏之著作重制之：一、应阅览人供个人研究之要求，重制已公开发表著作之一部分，或期刊或已公开发表之研讨会论文集之单篇著作，每人以一份为限。二、基于保存资料之必要者。三、就绝版或难以购得之著作，应同性质机构之要求者。"

由此看来，复印技术的发展与广泛使用，实际对潜在的版权保护形成了挑战，也促进人们对于合理使用界限的进一步思考。

（三）3D扫描与3D打印

扫描与打印是相辅相成的两面。3D扫描是先有物品，通过扫描取得相应的数据；3D打印则是先有3D数据，然后通过数据转换和打印制造形成物品。如同计算机的输入与输出一样，方向是逆向与顺向，却也是相互影响，相互转换。

当然，扫描是获取3D物品可打印设计文件的三种方式之一。除扫描之外，用户还可以下载其他人创建的文件，或使用软件从头开始设计模型。

三维扫描仪（3D Scanner）是一种科学仪器，用来侦测并分析现实世界中物体或环境的形状（几何构造）与外观数据（如颜色、表面反照率等性质）。搜集到的数据常被用来进行三维重建计算，在虚拟世界中创建实际物体的数字模型。这些模型具有相当广泛的用途，工业设计、瑕疵检测、逆向工程、机器人导引、地貌测量、医学信息、生物信息、刑事鉴定、数字文物典藏、电影制片、游戏创作素材等都可见其应用。

3D扫描最早出现的是接触式测量方法，代表是三维坐标测量机，虽然精度达到微米量级（0.5mm），但是由于体积巨大、造价高以及不能测量柔软的物体等缺点，使其应用领域受到限制。

后来出现了非接触式测量方法，主要分两类。一类是被动方式，就是不需要特定的光源，完全依靠物体所处的自然光条件进行扫描，常采用双目技术，但是精度低，只能扫描出有几何特征的物体，不能满足很多领域的要求。另一类是主动方式，就是向物体投射特定的光，其中代表技术激光线式的扫描，精度比较高，但是由于每次只能投射一条光线，所以扫描速度慢。另外，由于激光会对生物体以及比较珍贵的物体造成伤害，所以不能应用于某些特定领域。

新兴的技术是结构光式的扫描，结构光也属于主动方式，通过投影或光栅同时投射多条光线，就可以采取物体的一个表面，只需要几个面的信息就可以完成扫描，其最大的特点是扫描速度快，而且可编程实现。

结构光三维扫描仪的基本原理是，采用一种结合结构光技术、相位测量技术、计算机视觉技术的复合三维非接触式测量技术。采用这种测量原理，使对物体进行照相测量成为可能，所谓照相测量，就是类似于照相机对视野内的物体进行照相，不同的是照相机摄取的是物体的二维图像，而研制的测量仪获得的是物体的三维信息。与传统的三维扫描仪不同的是，该扫描仪能同时测量一个面。测量时光栅投影装置投影数幅特定编码的结构光到待测物体上，成一定夹角的两个摄像头同步采得相应图像，然后对图像进行解码和相位计算，并利用匹配技术、三角形测量原理，解算出两个摄像机公共视区内像素点的三维坐标。拍照式三维扫描仪可随意搬至工件位置作现场测量，并可调节成任意角度作全方位测量，对大型工件可分块测量，测量数据可实时自动拼合，非常适合各种大小和形状物体（如汽车、摩托车外壳及内饰、家电、雕塑等）的测量。

还有一种是低频脉冲波（低频声波）式原理，主要应用于物位测量方面。基于二维数组波束形成器传送低频脉冲，借可视3D物位扫描仪接收来自筒仓、仓室或其他容室内物料的回波。设备的数字信号处理器对接收到的信号进行取样和分析，通过估算回波到达的时间和方向，处理器形成一个物料表面的三维图，这个图像通过一种专有的计算方法对信息进行处理并生成3D图像，可以在远端屏幕上显示出来。物位计可以据此准确得出物料的体积和质量，能够使工艺物位监测和库存控制达到一个新的高度。

三维扫描仪的用途和功能是创建物体几何表面的点云（point cloud），这些点可用来插补成物体的表面形状，越密集的点云可以创建越精确的模型（这个过程称作三维重建）。若扫描仪能够取得表面颜色，则可进一步在重建的表面上粘贴材质贴图，亦即所谓的材质印射（texture mapping）。三维扫描仪可模拟为照相机，它们的视线范围都呈现圆锥状，信息的搜集皆限定在一定的范围内。两者不同之处在于相机所抓取的是颜色信息，而三维扫描仪测量的是距离。

3D扫描为3D打印提供了逆向的工程和数字文件，意义非凡。

四、3D打印的经济解释

（一）3D打印的经济概述

目前打印材料仍然有限、制造成本仍然较高，很难实现传统制造方式的大批量、低成本制造，这决定了3D打印与传统制造之间的替代关系较弱。但相较于传统生产方式，3D打印技术是制造思想层次的重大变革，有着经济上极为重要的变革意义。

目前3D打印技术在复杂构件、新产品开发、实现创意方面比较有优势，最理想的应用是在个性化或定制化的领域，而这些领域普遍是传统大规模制造的薄弱环节。因此，3D打印与传统大规模制造之间互补关系多于替代关系，不排除未来有大规模应用甚至替代传统规模制造的可能。

传统大规模制造的发展方向是以工业机器人为核心的智能化制造，在大批量重复性的产品制造上仍然优势突出，而3D打印在小批量个性化产品上具有相对优势。3D打印与工业机器人代表的传统先进制造互补性极强，3D打印和工业机器人两者都是未来先进制造的发展方向。

（二）3D打印与生产规模：生产规模从大到小

传统的制造方法是基于规模经济的简单观念，也就是扩大工厂规模，并且只生产同一种产品，从而提高生产效率。这种方法最初诞生于亨利·福特（Henry Ford）的汽车生产线。100年后的今天，富士康的20多万名工人也在做同样的事情——他们在同一个地方生产iPhone手机。3D打印技术推翻了规模经济的概念。相比把3D打印机放在不同的地方，将成千上万的3D打印机放在同一个地方并不能提高成本竞争力。未来的制造将是一个非常分散的过程。3D打印机已经变得非常便宜，今后消费者甚至能够在家里或商店附近打印他们的鞋子、玩具和厨具。他们可以从互联网上下载产品设计，然后按照自己的喜好进行修改，并改变产品大小来满足自己的需求。

就目前发展状态而言，3D打印所起到的作用更多的是个性化生产，而不是大规模制造。现在3D打印的出现，可能暂时还不会完全否定传统的制造工艺。对于大规模制造而言，铸造锻造都不可替代，成本上竞争不过，质量上、稳定性上更不用说。在现阶段，3D打印只能在某些特定情况下使用。

如果生产的规模达到消费产品的级别，对于金属，有冲压、铸造、锻造等技术；对于塑料和橡胶，有注塑成型技术。他们的先期投入高，但是量产成本低廉。而3D打印技术的成本和数量成正比，在产品的数量达到一个临界值，传统制造相对于3D打印高昂的成本已经被摊平，传统制造的成本将显著低于3D打印，生产速度也比3D打印快，并且其无论是在生产效率还是在加工质量方面比3D打印要高效得多。这也就是3D打印无法应用于大规模批量化的消费产品生产的根本原因。

值得注意的是，工业领域一直是3D打印技术最早最重要的应用领域，从产品的外形设计到复杂的基础零件的直接制造，很多地方都已经用到了3D打印技术。随着3D打印技术的发展，各个民用领域也开始使用这个技术，比如医疗领域，可以用3D打印技术制造患者的组织器官模型，帮助医生做手术；比如时尚领域，越来越多的设计师开始使用3D打印技术制造与众不同的时尚产品，像比基尼、高跟鞋，甚至是整套的服装。3D打印的产业化最早出现在工业设计、牙科和医疗、航空航天、汽车等领域。世界知名的3D打印公司，多数都有打印牙齿、骨骼或是辅助临床医疗等类型的制造业务，如美国的Stratasys公司、比利时的Materilise公司等。3D打印在医疗领域起到了不可估量的作用，可以更好地实现个体化、精准化、微创化和远程化的治疗。

但是，也有一些公司将3D打印技术应用于大规模制造中。美国通用电气公司（GE）计划通过3D打印工艺生产其新款LEAP喷射引擎所需的8.5万只喷油嘴。据《商业周刊》报道，这种喷油嘴通常需要20个不同零件组装而成，通过采用3D打印技术，喷油嘴可以一体成型，更轻、更快，并且还耐高温。这些3D打印的喷油嘴将用在CFM国际公司生产的LEAP喷射引擎上，并安装在2015年年底生产的飞机上，也就是说3年之内每年需要生产2.5万个这样的喷油嘴。但目前工业级3D打印机产能无法满足通用的需求，通用电气公司需要速度更快、效率更高、性能更高的产出。为此，通用收购了Morris Technologies以及Rapid Quality Manufacturing两家3D打印技术公司，两家公司共有约150名员工。[1] 这一事例表明，随着3D打印技术的完善、成熟和广泛应用，也有可能用于大规模的生产制造之中。

（三）3D打印与生产主体：从企业到家庭或个人

3D打印不仅为以企业为生产制造主体的行业提供工业变革的机会，也为家庭制造或个人生产提供了发展的机会。从企业集中式生产到分布式生产，这是一种变革；从企业制造到家庭制造、"个人制造"的兴起，3D打印行业还将保持相对较高的增速和令人耳目一新的前景。

普通用户在使用3D打印技术时通常面临这样的难题：并非每个人都能使用3D软件进行图像设计，并非每个人都买得起价格百万的

---

[1] 通用计划通过3D打印大规模生产喷射引擎喷油嘴 ［EB/OL］．（2013-12-27）［2015-01-20］．http：//www.shejipi.com/22073.html．

3D打印机。但是"开源""社交"等互联网理念,使这些问题迎刃而解。

有一些公司将3D建模软件分享到互联网,如123D公司和Tinkercad公司,它们使用起来并不复杂,可以把一张照片,或旧明信片,转换成3D图像数据。另外还有一款名为Photofly的软件,只要你有一台单反相机或是普通的卡片机,就可以将你自己的人像生成3D数据。为了让更多的人了解3D技术,Shapeways公司还开了一个3D打印社交网站,网友可以上传分享3D数码图,讨论产品设计。网站也有交易功能,如果你想设计一个独一无二的戒指,可以通过开源的3D软件,设计出数码图、上传图片、选择打印材料、下单,不出数日,这个独一无二的定制戒指便能到你或者千里之外的朋友手里。

(四)3D打印与生产方式:从浪费到节约,从文本到数字

由于3D打印技术自身的特点和优势,其适合用于设计环节。但在大规模生产方面,3D打印在成本和效率上则被认为缺乏优势。不过,随着技术的进步,上述现状正在发生改变。一方面,材料的种类越来越多,让3D打印更有用武之地。另一方面,在一些领域,3D打印也已经用于直接生产产品。比如,Stratasys公司专门成立了一个团队,进行数码直接制造。

Local Motors公司推出的全球首款3D打印电动汽车——Strati更是一个典型的例子。据了解,这款汽车有很多零件直接经3D打印而成。通常,一部汽车大概由2万个零部件组成,但Strati则仅由不到50个零部件组成。Local Motors公司总裁约翰·罗杰斯表示,新工业减少了加工和安装的工作量,同时也避免了材料浪费。[1]

就技术的经济性而言,被市场质疑较多的还在于3D打印较高的直接制造成本。从现阶段3D打印制造的成本构成来看,设备和材料占据主体部分。但二者随着技术的发展和市场规模的扩大,都存在较

---

[1] 中国科学报. 3D打印对传统制造业的影响分析 [EB/OL]. (2014-10-20) [2015-01-20]. http://www.askci.com/chanye/2014/10/10/164433wktf_all.shtml.

大的成本下降空间；有望在未来带动直接制造成本的下降。设备折旧生产的单位产品的制造成本主要取决于两个方面：其一，设备本身的购置成本；其二，设备的制造速度。从历史数据来看，商用3D打印设备的销售价格呈现不断下降的趋势。同时，主要的3D打印设备供应商其打印机的销售毛利率仍然保持稳定。我们判断，这是由于技术进步导致制造成本下降，从而引发价格下降，故具有较强的稳定性和持续性。另一个直接制造成本的重要组成部分是打印材料。现阶段，3D打印材料的主要类型是塑料、液态树脂和金属粉末。3D Systems 和 Stratasys 公司主要供应前两种材料。从这些公司材料的销售毛利率来看，近些年来基本保持在50%以上，就利润而言，还有较大的下降空间。❶

（五）3D打印与商业模式：网络信息时代遇到3D打印

目前国外已经出现了"云制造"的案例，即建立一个3D打印的加工服务中心，进行生产工作，然后将3D打印与云计算技术进行结合，这样用户在任何位置都可以进行3D打印。

3D打印遇上互联网时代，则如虎添翼。为何如此说？3D打印本身是一场克隆技术的革命，3D对扫描与3D制造本身的技术有颠覆性影响，再加上数字技术与网络技术的结合发展，极有可能催生出新的生产方式、商业模式与经济形态。由此，在新的商业模式与生产方式基础上，带来法律制度，尤其是知识产权制度的变革与发展。

Dr. Dinusha Mendis 认为，我们可以从过去的娱乐工业的法律经验来考虑3D打印带来的知识产权影响及其问题。并且建议，与目前聚焦于严格控制的但是尚不完备的知识产权法律相反，未来可能建立健全新的商业模式以适应3D打印这项新的技术。❷

---

❶ 中商情报网. 3D打印技术经济性分析 [EB/OL]. (2013-04-03) [2015-01-20]. http://www.askci.com/news/201304/03/0316473229310.shtml.

❷ MENDIS D. "The clone wars": episode 1: the rise of 3D printing and its implications for intellectual property law – learning lessons from the past [J]. EIPR: European Intellectual Property Review, 2013, 35 (3): 155.

另外，3D打印技术在制造业的广泛使用将导致制成品的去全球化。在20世纪，我们目睹了全球化进程的出现，企业将生产地点分布在最具成本竞争力、远离消费者的国家。在这个过程中，中国和其他发展中国家成为制造中心，为美国等消费国生产产品。3D打印技术的使用将有可能改变全球化进程，使制造业务从中国或其他发展中国家回到产品消费国。

五、3D打印的法律问题

（一）3D打印的知识产权问题

3D打印技术引发的法律问题可能是广泛的，知识产权问题只是其中的一个较为重要或者说影响较大的问题。3D打印引发的专利问题、版权问题、商标问题都将成为3D打印技术发展过程中如影随形的话题。我们随后将专章讨论3D打印引发的知识产权问题及其细节。

（二）3D打印的产品质量问题

3D打印技术作为一种加法制造技术，其商业批量制造诚然如同过去任何一种制造技术一样受到法律的监管。然而3D技术未来的应用却极有可能走向家庭或个人工厂，从而引发新的产品质量问题。作为一种个人选择或个人3D制作出来的产品，如果作为一个零部件嵌入到原来的产品中，3D打印制作者将会为此承担什么样的法律责任？

（三）3D打印的武器管制法律问题

在3D打印技术的飞速发展下武器管制将面临失控的危险。想象一下，如果一个人用一台普通的3D打印设备，以及网上下载或某处分享的3D文件，轻松就能将某种新式武器克隆出来，这对于正常的武器管制来说将是极大的挑战。如何追踪这种方式制作的武器？如何防范这种生产方式为恐怖分子或极端分子所利用？相信即使在美国那种人民拥有宪法规定的"携带武器"的法律权利国度里，武器管控依然是一个极富争议的问题，而3D打印将会使这一问题变得更为复杂。

（四）3D打印的其他法律问题

3D打印的应用越来越广泛，有时还面临着其他法律问题，比如3D打印的伦理规则法律问题，如生物3D打印中会涉及医学伦理或医事法律问题。3D生物打印机是指可以"按需打印"患者所需的人体活器官的机器。国外媒体2010年6月6日报道，美国Organovo公司研制出了一种3D生物打印机，首先该机器"打印"器官或动脉的3D模型，接着将一层细胞置于另一层细胞之上。打印完一圈"生物墨"细胞以后，接着打印一张"生物纸"凝胶。不断重复这一过程，直至打印完成新器官。随后，自然生成的细胞开始重新组织、融合，形成新的血管。Organovo公司首席执行官基思·墨菲在接受《工程师》杂志采访时指出，最终有一天，只需轻轻按下按钮，就能让3D生物打印机制造出我们所需要的器官。但是，这种3D生物打印机面临的就不仅仅是知识产权问题，还包括生物伦理方面如何管理的法律问题了。

第三章
总论：3D打印的知识产权问题与挑战

一、3D打印面临的知识产权问题概述

3D打印面临的知识产权问题，可谓仁者见仁，智者见智，可以从专利、商标、版权等传统知识产权的类别方面进行探讨，也可以从法理、历史、经济、科技等方面进行研讨。本章提出了一个总的问题——传统的知识产权体系是否足以应对3D打印的挑战。

如果我们经过梳理和研讨，3D打印技术并不会对传统的知识产权制度体系造成大的挑战，换句话说，如果现行的知识产权制度体系足以应对3D打印技术，那么我们就不用对现行知识产权体系进行任何的调整。

如果我们经过研讨发现，3D打印技术对于现行知识产权体系提出了新问题、新挑战，那么随着未来3D打印技术的更加成熟、经济和商业模式的更新发展、生产方式的不断变化，现行知识产权体系就需要作出适应性的调整。这种调整，不论是大的调整，还是小修小补，也需要我们预估到可能的知识产权利益冲突与平衡，还需要我们作出一定的机制创新。

二、传统的知识产权体系是否足以应对

Hornick，John，Roland，Daniel 在《3D 打印与知识产权初探》中指出，对于知识产权世界来讲，3D 打印技术提出了许多重要问题。[1] 这些问题包括，现有的知识产权制度能否适应未来的 3D 打印世界里的知识产权保护？如何在保护知识产权防止侵权与鼓励创新之间取得一定的平衡？知识产权将会保留下来，还是未来技术将会完全开放呢？知识产权是否在根本上与 3D 打印世界冲突或矛盾？企业家、立法者、政策制定者、律师、法官都将在未来对这些矛盾与问题作出自己的回应，也许在现在还很难解决或妥善作出回答。

本·德普特在《知识产权侵权与 3D 打印：分散式侵权》一文中指出，由于显著地降低制造的中间环节，3D 打印技术很大程度上掀起了下一波分散的、非商业使用的知识产权侵权冲击波。从过去影视行业抗击非法文件分享的历史教训中，我们可以看得出一些知识产权分散侵权的共同特征。他认为，如同文件共享网络中的版权执法一样，3D 打印的知识产权侵权面临经济和社会问题，这将使得传统的诉讼执法方式变得效率低下，甚至徒劳无功。[2]

笔者通过研讨分析认为，现在的知识产权在调整规制 3D 打印带来的种种知识产权问题方面显得力不从心或一团乱麻。尽管有可能在现有知识产权体系下进行修补完善，可以应对目前少量的与 3D 有关的知识产权争议，但是不足以应对以后 3D 打印技术的发展所造成的种种局面。

比如，传统的知识产权体系里，版权、专利、商标分属于一个个条块分割的部分。3D 打印中的侵权，就会不得不分割或套用版权、

---

[1] HORNICK, JOHN, ROLAND, et al. 3D Printing and Intellectual Property: Initial Thoughts [J]. Licensing Journal, 2013, 33 (7): 12-16.
[2] DEPOORTER B. Intellectual property infringement & 3D printing: decentralized piracy (Symposium: The Legal Dimension of 3D Printing) [J]. Hastings Law Journal, 2014, 65 (6): 1483-1503.

专利等不同的条条框框。这样的条块分割适用,面对3D打印这种情况复杂、整体复制的现象多少有些力不从心。究竟是侵犯版权还是专利?3D打印行为究竟界定为版权法上的"复制"还是专利法里的"制造"?3D打印的个人工厂、个人会员3D打印是否还要坚持以营利为目的才能构成侵权?如何界定3D打印领域里的直接侵权与间接侵权?如何简洁清楚地界定网络空间中对于3D打印的种种侵权与不侵权的界限?这些都是很大的问题与挑战。

所以笔者认为,我们可以创设这样一种权利,即3D打印权——3D打印新设计的设计者对其3D打印设计文件、根据该设计文件通过3D打印出的产品所拥有的复制、发行、打印、生产制造、销售及许诺销售、进口的权利。关于3D打印权的详细内容将放在第七章进行详细研讨。

三、3D打印的知识产权法哲学分析

(一)专有与共享

3D打印技术的发展在非常直观地向人们展示其强大复制能力的同时,也提出了一个永恒却不断发展变革的知识产权法哲学意义上的问题——我们将在共享与独占之间如何取舍?人类社会究竟是需要共享多一点还是独占多一些?

共享即分享,将一件物品或信息的使用权或知情权与其他人共同拥有,有时也包括产权。专有是一种独占,指知识产权所有人对其知识或智力成果享有独占或排他的权利,未经其许可,任何人不得利用,否则构成侵权。

自由、开放和共享是互联网的核心精神。互联网的共享精神是互联网发展的原动力。技术虽然是互联网发展的重要推动力,却不是关键,关键是应用。万维网的发明者是蒂姆·伯纳斯,他发明万维网的初衷就在于他对于万维网的共享理想的追求。他说:"我对万维网抱有的理想就是任何事物之间都能潜在联系起来。正是这种理想为我们提供了新的自由，并使我们能比在束缚我们自己的等级制分类体系下得到更快的发展。"❶ 与古登堡的印刷术、贝尔的电话以及马科尼克的无线电报相比，蒂姆·伯纳斯所创造的万维网在还没有达到它的最终形式之前就已经确立了它的独一无二。迈克尔·沙利文-特雷纳在《信息高速公路透视》一书中也指出，互联网最有吸引力的地方是：任何人都可以与任何国家、任何地方的人直接沟通，能够在全球范围内实现知识共享。❷ 当然，共享并不意味着免费。免费是一种运作模式，也是实现共享的一种方式。共享与免费也不矛盾，共享既可以通过免费的方式也可以通过收费的方式来实现。共享是相互获知信息的可能性，也是相互获悉信息的状态，而且也是一种文化精神。相互封锁或封闭意味着相互获知信息可能性的消失。所以，共享总是与封闭相对，与开放相伴。

翻开互联网发展的历史，我们可以发现，开放、分享的精神才是互联网能发展到今天的根本原因。很多人都知道，互联网产生的早期主要是为了方便美国研究机构和高校的科学家们分享研究资料。刚开始互联网只对科学家开放，后来对商业机构开放。互联网的协作精神决定了一方面我们要共同维护好我们共有的网络家园；另一方面我们只有相互间友好协同，才能共同编织起这张网。

知识产权赋予权利人一定时期一定地域和一定范围内的独占权利，无论出于何种理由或正当性的论证，这种机制设定都是人类社会进行自我机制调整的结果。这种独占的、排他的权利的本质是一种权利人的控制权。它意图阻止他人对自己的知识产权进行未经许可的复制与分享。然而，另外，对于知识产权的复制与分享却又成为知识产权转化为生产力、经济效益、社会效益的必要过程与内在要求。

从历史发展来看，印刷机、复印机、电子化数字化技术、计算机技术的出现，都在一步步地方便人们去复制，方便知识与信息的共

---

❶ 蒂姆·伯纳斯-李，等. 编织万维网 [M]. 上海：上海译文出版社，1999.
❷ 迈克尔·沙利文-特雷纳. 信息高速公路透视 [M]. 北京：科学技术文献出版社，1995：191.

享，方便技术的流通、传播、分享与下载，这是另一种人类努力的方向。3D打印技术的发展也是如此。知识产权机制犹如一个硬币的两面，一面是独占与控制，一面是共享与传播。

没有独占，就没有资源的稀缺，资源也就失去潜在的传播与交易价值；没有共享，也就没有知识产权的利用与再生产。未来人类社会发展到某一种阶段，也许会达到信息如同阳光、水或空气一样，供应充足、遍布全球，无处不在也无人可以垄断一切，人人皆可以自由使用的程度。笔者认为，我们在应对3D打印带来的知识产权挑战时，应高度重视共享与专有之间的分野。并且，笔者更倾向于，在一定的条件下，重视共享给人类社会带来的价值。

（二）数字与实体

除了独占与共享、控制与传播的对立统一外，3D打印还有一种哲学意义上的启示——在扫描与打印的双向互动中，数字世界与实体世界实现对立与融合。

扫描，是将物体转化为数字形式，打印则是将数字形式演化为实体。数字形式是没有材料的物体虚拟化结果；物体是数字形式的物化结果。

数字是一种用来表示数的书写符号。不同的记数系统可以使用相同的数字，比如，十进制和二进制都会用到数字"0"和"1"。3D打印中的数字形式主要是指计算机化的数字形态。数字式电子计算机是当今世界电子计算机行业中的主流，其内部处理的是一种称为符号信号或数字信号的电信号。它的主要特点是"离散"，在相邻的两个符号之间不可能有第三种符号存在。由于这种处理信号的差异，它的组成结构和性能优于模拟式电子计算机。数字计算机运算速度快、运算精度高、通用性强，具有记忆功能、逻辑判断功能和自动控制功能。这种数字计算机及其将万事万物转换为数字形态进行处理的能力，成为3D打印在数字形态与实体形态之间自由转换的基础。

形与质、数字与实体构成3D打印世界里的哲学范畴。如果技术发展到某一阶段，所有的物体都能数字化，则虚拟世界将成为现实，多维、多重的数字世界可以让世界在数字形式上更加无穷无尽。虚拟的数字世界同样也可以很方便地转换为实体世界。这也是3D打印即将呈现的另一种方向，成为推动世界变化发展的强有力的催化剂。

（三）3D打印的知识产权利益平衡

从某种意义上讲，3D打印将要打破的正是知识产权体系中原有的利益平衡，未来将会在新的生产方式、经济模式下达到新的利益平衡。

1. 知识产权利益平衡原则

知识产权利益平衡原则是知识产权法律的基本原则。以专利制度为例，作为知识产权法重要组成部分的专利制度，其设置的目的是鼓励发明人发明创造，即鼓励专利权人通过公开其专利技术的方式，换取一定时间内的垄断权，他人未经过许可不得使用，等一段时间后，专利技术即变为公知技术，任何人均可自由使用，因此，保持专利权人的利益与社会利益的平衡是知识产权法的基本原则。

知识产权制度是一种权利与利益的平衡机制。在信息的生产、专有和使用之间达成平衡，是知识产权制度追求的一个重要目标。利益平衡因而成为知识产权制度的理论基础。它涉及智力产品的创造、传播之间的平衡、智力产品的创造和使用之间的平衡以及知识产权人的个人利益和公共利益之间的平衡等。知识产权制度本是一种确认知识产权人对知识产品的专有垄断权的制度，但通过其一系列的制度设计，围绕知识产品所产生的各种利益关系得到了均衡。

所谓平衡，用法律经济学的观点看，是指每一方都同时达到最大目标而趋于持久存在的相互作用形式。在知识产权理论上，平衡涉及信息的生产、专有，与信息的接近之间达成平衡。从信息产权的角度看，知识产权可以被看成是一定的信息财产、信息产权。在一个特定时期内，信息的容量总是有限的。在这个有限的信息量内，信息的专有和公有具有彼此消长的关系。专有的成分太多，势必会给信息接近造成障碍，从而影响到公众对信息的获取以及信息的自由流动，最终将妨碍知识产权制度目的的实现；公有的成分太多，则会形成知识产权的弱保护，可能导致对信息生产的原动力严重不足，从而造成信息的稀缺，最终也不利于社会效用实现最大化。冯晓青认为，知识产权理论上的利益平衡论，可以进一步概括为以下几个原则：（1）对创造者从事智力创造的激励与对智力创造物的传播激励的平衡；（2）创造者从事智力创造的激励与使用者对智力创造物需求、使用之间的平衡；（3）知识产权中私人利益与公共利益的平衡。❶哲学上的平衡都是相对的均衡，都是暂时的。利益平衡既表现为一种过程也表现为一种状态，作为一种过程的平衡表现的是一种动态平衡。知识产权法中的利益平衡状态也同样表现为利益平衡的动态过程，它随着社会经济、文化和科技等因素的发展而发展。因此，"理想的利益平衡状态只能是暂时的和相对的，不平衡才是知识产权利益关系状态的特征"。"尽管基于平衡时暂时的现象和状态而可能随时被打破，但不能因为这种暂时的平衡而否认平衡的价值——原有的平衡被打破后，会在新的环境下形成新的平衡。"❷

2. 知识产权中私人利益与公共利益的平衡

知识产权制度追求私人利益与公共利益的平衡。知识产权中的私人利益是不言而喻的。知识产权中的私人利益表现为通过被赋予专有权，可以凭着对智力创造的独占而获得的精神和经济上的利益。现代各国的知识产权法无不对知识产权人的专有权作出尽量周全的规定。知识产权制度的重要目的，也在于保护知识所有者的知识产权。

知识产权制度的根本目的决定了其立法设计必须围绕专有权的分配和公共利益的设定、专有权和公共权利的合理、公平配置展开。通过专有的"私人领域"的设定，使知识产权所有人获得普通社会公众所无法获得的特殊利益。同时，设定公有的"公共领域""公有领域"，即知识产权的限制以及分享，解决好这种专有权的范围、限度，使普通的社会公众能自由地接触和使用智力产品，满足公众对精神生活的需求，使社会公众的利益得到满足。

---

❶ 冯晓青. 试论以利益平衡理论为基础的知识产权制度［J］. 江苏社会科学，2004（1）.

❷ 冯晓青，杨利华，等. 知识产权法热点问题研究［M］. 北京：中国人民公安大学出版社，2004：127.

3. 知识产权机制中效率与公平的平衡

知识产权法在平衡私权利益与社会公益之间的关系而需要寻找最佳平衡点的同时也面临着效率与公平的价值衡量。关于效率与公平的关系，经济学家认为为强化激励机制和作用应增加社会信息的总量。在许多情况下，科学家并非全部因为物质利益而进行科学研究，而是以社会责任感、个人的兴趣爱好或其他原因激起研究生产的主动性、积极性。因此，从经济学的角度看，知识产权法的价值取向应当是：效率优先，兼顾公平。强调知识产权法的效率价值、授予知识产权人以垄断性权利是有必要的。另外，还要顾及社会整体的利益，以实现法律的公平与正义。立法者在设计财产权利时应以社会福利的最大化为目标。在知识产权领域追求这一目标，便要求立法者在以排他性权利之力激励发明与艺术作品创造时，对这种权利限制公众享用那些创造物的倾向予以控制，并力求在二者之间实现一种最佳平衡。

4. 创造者与传播者、使用者的知识产权利益平衡

在智力产品中，智力创造者和其他对该智力创造物享有权利的知识产权人以及社会公众都有合法的利益。创造者合法利益的根基是其智力创造的事实行为，而社会公众合法利益的根基则在于智力产品的社会性、继承性、人类自身发展对知识共有物的合法需求。我们需要保持创造者从事智力创造的激励与使用者对智力创造物需求、使用之间的平衡。

哈佛大学安守廉（William P. Alford）教授的《窃书为雅罪》一书出版于 20 世纪 90 年代，对中国学界的影响却很大。该书提及的创造者的法律地位、创造与劳动的关系问题，就是知识产权制度中令人困惑的问题之一。

安守廉在该书第四章开篇就以"中国'文革'时期（1966—1976）的流行语"，引用了"钢铁工人在本职工作中铸成的钢锭上有必要署上他的名字吗？如果没有必要，为什么一个知识分子就该享有在劳动成果上署名的特权呢？"这句话。接着，该章第二段又引述了马克思 1844 年的一段话，作为上述观念的理论注解："甚至当我从事科学工作时，即从事一种很少同别人直接交往的活动时，我从事的也

是社会活动，因为这是人的活动。不仅我的活动所需要的材料，甚至思想者使用的语言本身，都是作为社会产品赋予我的。我本身的存在就是一种社会行为。因此，我自身的成果，是我为社会所劳作，并且意识到我是作为一个社会存在体而劳作。"二者灵犀相通，无异于把但丁"放歌"《神曲》，雨果"描绘"《悲惨世界》的行为，等同于钢铁工人铸造钢锭。创造既不属于剥削，也不属于劳动。创造是一个与二者并列的，或许是更为重要的概念。创造与劳动之间，不同的创造之间，都是异质的，不具可比性。在经济价值上，相互之间没有可以交换的共同基础，不可通融。创造成果是唯一的，创造不可再现。描述表达创造成果的技能可以学习，但是创造本身是无法训练和传承的。梁漱溟认为，"创造乃凭空而来，前无所受"。创造与劳动有密切的关系，创造必须借助于表达的技术形成结果，技术属于劳动的能力与方式，表达的过程既是创造的过程，也是劳动的过程，二者虽然相伴、可同日而语，但它们却是本质不同的两回事。创造成果是汇万物以升华，从无到有、金蝉出壳、化蛹为蝶的质变结果，是飞跃。劳动成果是质变基础上的量变，是由此及彼、积少成多的量的扩张，属于复制的结果。

作为知识产权机制中的"利益相关者"，涉及知识产品的创造者之外，还有传播者、利用者。作为"利益分享者"，则要考虑创造者专有权利与社会公共利益之间的平衡。传播者是什么？知识产权机制里的传播者，是版权中的表演者、翻译者、广播、电影电视等传播媒介。在网络环境中，网络服务商的知识产权责任与权利也值得关注。一方面，传播者需要保护好其上游知识产权权利所有人的权利；另一方面，也需要对使用者和公众的利益有所考量。

在互联网时代，互联网迅速发展产生了一种全新的作品传播途径，给传统的著作权保护制度带来了前所未有的冲击和挑战。在互联网环境下，如何保护著作权人和相关权利人的权利，规范作品等在互联网上的传播行为，成为迫切需要解决的问题。

一般法院在审理涉及侵害信息网络传播权的案件时，如何界定侵害信息网络传播权，特别是如何确定网络服务提供者的法律责任，成为知识产权审判面临的重大考量。我们需要严格依据著作权法、侵权责任法和信息网络传播权保护条例等法律法规，兼顾权利人、网络服务提供者和社会公众的利益。网络服务提供者对于促进信息网络技术创新和商业模式发展具有极其重要的作用，对其行为的控制和确定其如何承担侵权责任要适可而止，避免不适当妨碍技术的发展创新，尽量为相关互联网产业的发展留下空间。因此，既让网络服务提供者承担相应的责任，又避免使其过重地承担责任，这是网络环境下著作权保护中平衡著作权人与网络服务提供者之间利益的基本原则。从中也可以看出，知识产权需要在创造者、传播者和使用者之间保持一定的平衡机制。

3D打印中知识产权的使用者是知识产权的受益者，只有尊重和保护知识产权创造者、传播者的合法权利，使用者才能得到更多、更长远的社会福利。此种知识产权的创造者，也有可能是他种知识产权的使用者。几乎每一个知识产权的创造者也都是因在前人的知识产权基础上改进、创新而成就。

四、3D打印的直接侵权与间接侵权

（一）直接侵权与间接侵权概述

3D打印中的知识产权侵权涉及直接侵权和间接侵权。

直接侵权就是当某一个行为主体使用3D打印技术，直接侵犯他人著作权、专利权或商标权的情况。这种情况主要是发生在3D打印的行为对象是有着专利产品、版权保护或商标保护时，正好直接地落入知识产权人的权利保护范围，直接地构成知识产权侵权的情况。

间接侵权是相对于直接侵权而言，是指行为人实施的行为并不构成直接侵犯他人专利权，但却故意诱导、怂恿、教唆别人实施他人专利，发生直接的侵权行为，行为人在主观上有诱导或唆使别人侵犯他人专利权的故意，客观上为别人直接侵权行为的发生提供了必要的条件。

(二) 专利制度中的直接侵权与间接侵权

3D 打印产品，如果产品是涉及专利保护的产品，则将有可能侵权专利权。我们先来看专利制度中的直接侵权与间接侵权。

我国学术界关于间接侵权的理解以是否有直接侵权行为相伴随而形成两种观点，即共同侵权说和独立侵权说。以专利制度为例来进行解读。

王利明认为，"构成间接侵害专利权行为的条件为：（1）须存在直接侵权的事实；（2）须为直接侵权行为提供实施专利的必要条件；（3）须行为人主观上有过错，即知道或者应当知道其为他人提供实施专利侵权的条件。"❶ 杨立新在《侵权法论》中提出，"在间接侵害专利权的行为中，这种行为是侵害专利权的直接行为的必要条件，它与直接侵权相结合，就构成了侵害专利权的直接因果关系，仅仅单一的间接行为，不构成侵害专利权的行为。"❷ 杨金琪则认为，"由于间接侵权的成立主要依直接侵权事实的发生为条件，即只有发生直接侵犯专利权的事实后，才能确认间接侵权，因此，在审判实践中一般把间接侵权称之为共同侵权。"❸ 这些都是持共同侵权说的观点。

有的学者认为间接侵权也是一种独立侵权。吴观乐认为，"间接侵权行为是第三者未经专利权人同意向无权利用该项专利的人提供或供应其中关键部分的中间产品而故意怂恿和唆使其实施该项专利。"❹ 尹新天也认为，"间接侵权行为是第三者未经专利权人同意向无权利用该项专利的人提供或供应其中关键部分的中间产品而故意怂恿和唆使其实施该项专利。"❺

美国专利法第 271（b）条规定："任何积极引诱或教唆他人侵犯

---

❶ 王利明. 民法·侵权行为法 [M]. 北京：中国人民大学出版社，1993：324.
❷ 杨立新. 侵权法论（下册）[M]. 长春：吉林人民出版社，2004：956.
❸ 杨金琪. 专利商标技术合同疑难案例评析 [M]. 北京：中国物资出版社，1995：131.
❹ 吴观乐. 浅议间接侵权 [M] // 专利的理论研究与实践探索. 北京：专利文献出版社，1996：45.
❺ 尹新天. 专利权的保护 [M]. 北京：专利文献出版社，1998：111 - 112.

专利权的人负有专利侵权的法律责任。"该法第 271（c）条规定："任何人出售专利产品或者用于使用专利方法的设备的一个主要组成零件，明知道这个组成零件是为了侵犯专利权而特别制造的，不具备除了侵犯专利权以外的其他用途，他就负有共同侵权的法律责任。"英国专利法第 60 条第 2 款规定，在专利权的有效期间内，任何第三人未经专利权人的同意，在联合王国向不属于被许可人或者无权实施专利发明的人，提供或表示愿意提供任何有关发明的关键组成部分，而使发明得到实施的，如果该人明知或者应知所提供的关键组成部分适于并且旨在用于发明在联合王国实施，则同样属于侵犯了该发明的专利权。德国专利法第 10 条规定："（1）专利权的效力还在于，禁止任何第三人未经专利权人的许可，在本法有效的地域范围内，向无权使用专利发明的人提供涉及专利发明基本要素的手段，致使后者在本法有效地域范围内销售或供应本发明。如果该第三人知道或者显然应当知道所述的手段适于并且专门用于实施发明专利的话。"我国法律中没有关于间接侵权的直接规定，在法院的审判实践中，认定行为人构成间接侵权并判决其承担侵权责任适用的法律依据为：《民法通则》第 130 条规定，"二人以上共同侵权造成他人损害的，应当承担连带责任"。以及《最高人民法院关于贯彻执行〈中华人民共和国民法通则〉若干问题的意见（试行）》第 148 条规定，"教唆、帮助他人实施侵权行为的人，为共同侵权人，应当承担连带民事责任"。

笔者以为，3D 打印若涉及有关专利侵权问题上，可以把共同侵权和教唆引诱侵权都纳入间接侵权的范围。以专利中的间接侵权来讲，我们可以把间接侵权分为两种形式。第一种形式的间接侵权是，出售专利产品或者用于使用专利方法的设备的一个主要零件，并且明知道这个主要零件是为了侵犯专利权而特别制造的，不具备除了侵犯专利权以外的其他用途，这种间接侵权被称为"共同侵权"。第二种形式的间接侵权是，积极引诱和教唆他人侵犯专利权。这种间接侵权被称为"引诱侵权"。

专利的直接侵权行为可以是制造、销售、许诺销售、使用、进口等几种行为。何种情形下的 3D 打印是一种间接侵权行为呢？间接侵权行为可能会包括以下几种：

（1）故意销售、许诺销售、进口只能用于专利产品的关键部件，或专门用于专利产品的模具，或专门用于实施专利方法的机器设备或中间体材料；当这些部件、模具或机器设备或中间体材料为3D打印技术制造出来的情况。

（2）未经专利权人授权或委托，擅自许可他人用3D打印实施专利。

（3）专利许可合同的被许可方，违反合同中关于"不得转让"的约定，擅自许可第三人用3D打印实施专利。

（4）专利权共有人未经其他共有人的同意而许可第三人用3D打印实施专利技术。

（5）技术服务合同的受托方在委托方解决特定的技术问题时，未经专利权人的许可而利用3D打印实施其专利。

专利间接侵权行为的构成要件，其一，需要有专利间接侵权行为实际发生。这些间接侵权行为正如上所述。和其他侵权行为一样，专利间接侵权行为必须实际发生。如果仅有教唆、帮助他人实施专利侵权行为的意图，或仅做好了教唆、帮助他人实施专利侵权行为的必要准备，但未实施教唆、帮助的行为，即未实际发生间接侵权行为，则间接侵权行为不能成立。

其二，原则上要有直接侵权行为发生，并且间接侵权行为与直接侵权行为之间有因果关系。间接侵权的成立是不是一定要以直接侵权的发生为前提，学界有"独立说"和"从属说"两种意见。"独立说"认为，法律里规定或实践中承认间接侵权是为了更有效地保护专利权人的利益，间接侵权应当具有独立性，判定间接侵权成立与否不应该以直接侵权行为的发生为前提条件。"从属说"认为，相对于直接侵权而言，间接侵权起的是辅助性作用，间接侵权行为的成立应当以直接侵权行为的发生为前提，没有直接侵权就没有间接侵权。

间接侵权人一般在性质上是共同侵权人或帮助侵权人。出于对专利权人更多保护的考虑，法律可以制定相关的例外规定，国外已有不少立法先例。我国也在开始这方面的立法，如《北京市高级人民法院关于'专利侵权判定若干问题的意见（试行）'的通知》第79条规定："发生下列依法对直接侵权行为不予追究或者不视为侵犯专利权的情况，也可以直接追究间接侵权行为人的侵权责任：（1）该行为属于专利法第63条所述不视为侵犯专利权的行为；（2）该行为属于个人非营利目的制造、使用专利产品或者使用专利方法的行为。"第80条规定："依照我国法律认定的直接侵权发生或者可能发生在境外的，可以直接追究间接侵权行为人的侵权责任。"间接侵权行为人主观上有故意的心态。一旦专利间接侵权被认为是一种教唆、帮助他人实施专利侵权的行为，则专利间接侵权行为人应有主观上的故意。一般来讲，教唆、帮助他人的主观心态是故意，教唆、帮助活动不构成过失。事实上，如果像专利直接侵权行为一样，将过失的行为也予以追究责任，不仅于法无据，而且也会给公众带来额外的注意义务，给行为人造成损害。因此我国有关专利侵权行为的法律依据上都有主观故意的要件。即使在美国、德国，其专利间接侵权行为人也是在"明知"或"显然知道"的情况下才承担相应的责任。对于3D打印涉及的间接侵权也应如此强调或调整才好。

我们再来看相关的案例，这些案例尽管不涉及3D打印出来的产品，但都是未来3D打印涉及间接侵权的有益参考。

第一个案例，擅自制造销售专利产品关键部件是否构成专利间接侵权？我们来看吕学忠等诉航空所等专利侵权案。

该案原告吕学忠、萧朝兴均为中国台湾地区人，依法享有专利号为ZL95200055.5的实用新型专利。该专利公开了一种缝纫机用拉布装置的安装装置，包含缝纫机、拉布装置及一安装构造。该专利说明书中对该安装装置的设计如何与各种缝纫机固有的构造相配合作了多处描述，并配有附图。

被告上海航空测控技术研究所（以下简称"航空所"）和上海长江服装机械厂（以下简称"长江厂"）均为法人。2003年7月23日，被告航空所销售了1台TBJ-2型同步牵引机，该产品包装盒上有被告长江厂的名称、地址。同步牵引机《使用说明书》封面印有缝纫机、拉布装置和安装装置组合形态的实物照片和"PACIFIC"商标。

该说明书对如何组装安装装置以及如何将安装装置与缝纫机、拉布装置进行组合作了清晰的图文说明。法院查明，被告产品实物与说明书中表述的产品结构吻合，将其特征与系争专利的技术特征相比较，产品不具备权利要求1前序部分缝纫机的技术特征，具备权利要求1前序部分其余技术特征和特征部分的所有技术特征，并具备权利要求2的所有附件技术特征。

  上海市第一中级人民法院经审理认为，系争专利权利要求1前序部分有关缝纫机的特征应当和其余特征一起共同构成系争专利的必要技术特征。现通过比对，可以清晰地看到两被告生产、销售的TBJ-2同步牵引机不具备系争专利所要求的缝纫机的特征，故两被告产品的技术特征并没有全面覆盖专利的全部技术特征，两被告不构成直接侵权。然而，TBJ-2同步牵引机一旦和缝纫机组合，其技术特征就全面覆盖了专利技术特征。系争专利文件清楚地表明，该实用新型的目的就是克服原有不足，设计出更加适合各种品牌缝纫机的缝纫机用拉布装置的安装装置。现两被告生产、销售了同步牵引机和缝纫机产品，而包括拉布装置、安装装置的同步牵引机就是与缝纫机配合起来实现功能和效果的，而两被告也未举证证明同步牵引机脱离缝纫机后仍具有独立使用价值，或者仍能用作其他用途。不仅如此，两被告还在产品说明书中明确告知客户，该产品专用于同各种类型缝纫机的配合使用，并以图文结合的方式详细说明同步牵引机与缝纫机组合的方法，故其在主观上完全具备促成直接侵权的意图。其客户购买同步牵引机用于同缝纫机的组合使用或者销售等结果也是显而易见的。因此，被告方生产、销售同步牵引机的行为自然导致侵权结果的发生，其间接侵权的责任不能免除。两被告系法人和分支机构的关系，并且实施了生产、销售行为，理应承担共同侵权责任。

  该案的审理法院认定被控产品同步牵引机不具备系争专利独立权利要求缝纫机的全部技术特征，故被告不构成直接侵权。然而，被控同步牵引机一旦和缝纫机组合，其技术特征就全面覆盖了专利技术特征。被告未能举证证明被控同步牵引机脱离缝纫机后仍具有独立使用价值，或者仍能用作其他用途。而且被告还在产品说明书中明确告知客户,该产品专用于同各种类型缝纫机的配合使用,并以图文结合的方式详细说明同步牵引机与缝纫机组合的方法,被告在主观上完全具备促成直接侵权的意图。被告方生产、销售同步牵引机的行为导致侵权结果的发生,其间接侵权的责任不能免除。

第二个案例,无直接侵权行为但擅自制造销售了专利产品关键部件是否构成专利间接侵权?如果3D打印的行为人并没有直接的侵权行为,但是擅自制造了专利产品的关键部件,是否构成专利侵权?我们不妨参考太原重型机器厂诉太原电子系统工程公司等专利侵权案。

该案一审法院太原中级人民法院认定被控侵权产品的技术特征没有完全覆盖原告专利的权利要求的全部技术特征,被告不构成侵权;二审法院山西省高级人民法院则认定被控产品是专门用于加工涉案专利产品,被告构成间接侵权;二审判决生效后,原二审法院认为判决有错误;经过再审,以双方当事人各自放弃其主张而调解结案,但实际上否定了间接侵权的上诉审理结果。

详细案例如下。

原告太原重型机器厂(以下简称"重型机器厂")享有"磁镜式直流电弧炉"的实用新型专利 ZL85203717,该专利权利要求书的内容为:用于冶炼金属、电石、硅化合物、黄磷,特别是用于炼钢的磁镜式直流电弧炉,其电气部分包括断路器、电抗器、变压器、硅二极管整流器,机械部分包括炉盖和炉体,其特征在于所述的磁镜式直流电弧炉是在普通的电弧炉炉体的上部,垂直于炉体中心线增设一个环绕炉体的磁镜线圈,并和磁镜电源相接,电抗器串接在断路器和变压器之间,经硅二极管整流器整流后的直流电源的负极和两侧石墨电极相接,正极和中间石墨电极连接。该权利要求的磁镜式直流电弧炉的主要技术特征,是在普通的电弧炉炉体的上部,垂直于炉体中心线增设一个环绕炉体的磁镜线圈,其作用在于使炉体内部形成一个上强下弱的磁场。

台湾锦贸兴业股份有限公司(以下简称"锦贸公司")得知此项实用新型专利后,在1990年5月至1992年1月期间,曾多次向太原重型机器厂表示,愿以30万美元的价格购买该项专利。1992年2月,该项专利的第一发明人从重型机器厂离休，到被告太原电子系统工程公司（以下简称"电子公司"）担任顾问，锦贸公司即终止了与重型机器厂的谈判。1992年5月，被告电子公司接受锦贸公司在香港的代理商的委托，按锦贸公司提出的"磁会切电弧炉"技术方案的要求，为该公司加工4只激磁线圈。电子公司接受委托后，于同年6月又委托被告阳泉电子设备二厂（以下简称"电子设备厂"）加工该4只激磁线圈。

原告重型机器厂获悉此事后，认为两被告接受委托加工的激磁线圈是用于直流电弧炉的，侵犯了其"磁镜式直流电弧炉"实用新型专利，遂于1993年3月向太原市中级人民法院提起诉讼，指控两被告未经许可，以生产经营为目的，制造、销售其专利产品，构成了共同侵权。

太原市中级人民法院经审理认为，原告的实用新型专利，其法律保护范围系专利权利要求书中记载的"磁镜式直流电弧炉"的全部的必要的技术特征，只有全部覆盖了这些技术特征，才构成对原告专利权的侵害。两被告生产的激磁线圈的技术特征并未覆盖原告的专利权保护范围，故不构成对原告专利权的侵权，于1993年11月判决驳回原告太原重型机器厂的诉讼请求。

重型机器厂不服此判决，向山西省高级人民法院提起上诉，认为电子公司和电子设备厂的行为已对其专利构成了间接侵权。

山西省高级人民法院认为，上诉人发明的磁镜式直流电弧炉是经国家专利局授权的有效专利。在该专利的有效期限内，被上诉人太原电子系统工程公司未经专利权人许可，客观上实施了为直接侵权人加工该专利产品核心内容的专用部件激磁线圈的行为，主观上具有诱导他人直接侵权的故意，该行为与直接侵权有明显的因果关系，故已构成对上诉人专利的间接侵权。被上诉人电子设备厂受太原电子系统工程公司的委托，加工生产了该专利产品的专用部件激磁线圈，客观上也构成了对上诉人专利的共同间接侵权。故此两个被上诉人应共同承担侵权的赔偿责任。

但值得注意的是，被告所实施的部件激磁线圈中国大陆并未被组装成专利产品,因此在中国大陆并未发生专利直接侵权行为。终审判决后,电子公司仍持异议,自行请中科院化工冶金研究所对"磁镜式直流电弧炉"和"磁会切电弧炉"两种技术方案进行鉴定。鉴定认为:两者的设计方案、作用机制基本相同,但后者比前者要先进;两者都是对电弧炉的改造,类似改造以前也有过。据此,电子公司以终审判决认定其加工行为构成对重型机器厂实用新型专利间接侵权缺乏事实和法律依据,以及该公司已向国家知识产权局复审委员会提出了宣告重型机器厂"磁镜式直流电弧炉"实用新型专利权无效的请求,国家专利局复审委员会以立案受理为理由,向山西省高级人民法院申请再审。该院在立案审查期间,又委托国家专利局复审委员会对争议的两种技术方案进行了技术判定,结论是:"磁镜式直流电弧炉"技术更接近以前有过的技术。据此,山西省高级人民法院认为,本院原审有错误,太原电子系统工程公司的再审申请符合再审条件,于1995年5月决定对本案予以再审。

再审过程中,当事人对专利有效性及被控的激磁线圈是否导致了直接侵权行为的发生存有疑问。经法院主持调解,双方当事人自愿达成协议,有关重型机器厂诉两被告人"磁镜式直流电弧炉"专利侵权,被告之一电子公司申请对该实用新型专利权无效之请求,双方协商同意和解,不再互相追究责任。这样,双方当事人各自放弃其主张而调解结案,相应地否定了原二审法院间接侵权的上诉审理结论。

第三个案例,如果3D打印生产了专用于生产侵犯专利权的产品的模具是否构成间接侵害专利权?我们以阿尔法拉瓦尔诉恒力公司等专利侵权案为例。

在该案中,上海第二中级人民法院在判定被告的产品侵犯原告专利权后,进一步裁定销毁专用于生产侵权产品的模具,虽然该模具本身并未体现该专利权的技术特征,也不是专利权利要求所记载的内容。

原告阿尔法拉瓦尔股份有限公司(以下简称"阿尔法拉瓦尔")享有名称为"板式换热器"的两项发明专利权 ZL94192808.X(以下简称"94专利")和 ZL96198973.4(以下简称"96专利")。94专利公开了一种板式换热器，其中包括一组换热板，其原理是通过在换热板上压制的控制流速的分配系统，使换热板中第二流道的加热流体对第一流道的待加热流体进行加热，以改善热交换效率。96专利在94专利的基础上增加了第二分配系统，以便进一步改善热交换效率。

被告江阴恒力制冷设备有限公司（以下简称"恒力公司"）生产和销售、被告上海行峰冷暖设备有限公司（以下简称"行峰公司"）销售由被告恒力公司生产的ZL95A（包括ZL95A-28）和ZL50D（包括ZL50D-30）系列板式换热器。经技术鉴定，得出结论为：（1）被控侵权产品型号板式换热器技术特征与94专利的权利要求书记载的必要技术特征——对应相同，同时增加了两个新的技术特征；（2）被控侵权产品ZL95A-28型号板式换热器技术特征与96专利的权利要求书记载的必要技术特征——对应相同；（3）被控侵权产品ZL50D-30型号板式换热器技术特征与94专利的权利要求书记载的必要技术特征——对应相同。

上海市第二中级人民法院经审理认为：被告恒力公司生产的ZL95A-28型号板式换热器技术特征覆盖了94专利的权利要求书记载的必要技术特征，并增加了两个技术特征；被告恒力公司生产的ZL50D-30型号板式换热器技术特征与94专利的权利要求书记载的必要技术特征完全相同，故被告恒力公司生产的ZL95A-28、ZL50D-30型号板式换热器的技术特征落入94专利权的保护范围。被告恒力公司生产的ZL95A-28、ZL50D-30型号板式换热器侵犯了原告享有的94专利权，应承担停止侵害、赔偿损失的法律责任。被告恒力公司生产的ZL95A-28型号板式换热器技术特征与96专利的权利要求书记载的必要技术特征完全相同，故被告恒力公司生产的ZL95A-28型号板式换热器的技术特征亦落入原告96专利权的保护范围，被告生产的ZL95A-28板式换热器侵犯了原告享有的96专利权，应承担停止侵害、赔偿损失的法律责任。

上海市第二中级人民法院在确定被告恒力公司生产的ZL95A和ZL50D系列板式换热器侵犯94专利和96专利后，进一步认为：鉴于原告诉请销毁被告恒力公司生产侵权产品的模具，同时被告恒力公司在原告起诉后仍然继续生产、销售上述侵权产品,因此,为了有效制止恒力公司的侵权行为,决定收缴恒力公司生产 ZL95A 和 ZL50D 系列板式换热器的模具。❶

可见未来 3D 打印出的产品侵权,其生产工具和设备则有可能因专利法的停止侵权需要而收到法院的销毁命令或其他裁决要求。

（三）版权法里的直接侵权与间接侵权

接下来探讨 3D 打印中涉及 3D 设计文件、3D 设计图纸是否侵权著作权,以及是直接侵权还是间接侵权的问题。

著作权直接侵权的行为是指侵犯了《著作权法》以及《信息网络传播权保护条例》中规定的著作权或邻接权的权能,其行为人应当承担侵权责任。著作权间接侵权的行为本身没有侵犯《著作权法》以及《信息网络传播权保护条例》中规定的著作权或邻接权的权能,然而该行为构成帮助、引诱、教唆直接侵权人为直接侵权的行为,间接侵权的行为人应当承担共同侵权的责任。

美国版权法上的间接侵权理论是通过法院判例确立的。法院依据普通法上已经确立的原则,将间接侵权责任分为帮助侵权责任（contributory infringement）和代位侵权责任（vicarious liability）,让第三人为直接侵权人的行为承担责任。在版权的间接侵权责任方面,比较有影响的案例是 SONY 案。SONY 案是美国联邦最高法院将间接侵权责任原则适用于技术——机器的功能而不是人的行为的第一个案例。该案例在过去一段时间,一直指导着美国法院如何判定,如果某一技术产品可以用于侵犯版权,则该产品的提供商是否应当承担侵权责任。被告索尼美国公司制造并销售了大量的家庭录像机,而原告环球影视城就一些电视节目拥有版权。由于购买家用录像机的一些消费者通过电视广播录制了原告的电视节目,原告于 1976 年在加利福尼亚联邦地区法院起诉被告侵犯其版权。原告主张,被告制造和提供家用录像机,构成了帮助侵权。

---

❶ 吴玉和,曹雯. 专利间接侵权判定［J］. 中国专利与商标,2007（4）:3-25.

地区法院认为，绝大多数消费者录制电视节目是为了在其他时间观看，这实际上提高了节目的收视率，并且不为大多数版权人所反对。即使原告反对这种做法，也没有证据证明这种做法对自己产生了什么危害，被告没有构成帮助侵权。此外，被告所销售的家用录像机有许多种用途，如果依据原告的要求而下达禁令，将损害被告和社会公众的利益。

美国联邦第九巡回上诉法院则推翻了地方法院的判决，裁定被告构成了帮助侵权，发回地方法院重审。

最高法院又推翻了联邦第九巡回上诉法院的判决。由于版权法没有明确的帮助侵权的规定，最高法院借用了与版权法性质相近的专利法的规定：帮助侵权是指故意出售特殊的、与使用某一特定专利有关的零部件；对于那些可用于其他专利的产品，专利权人无权阻止其销售。最高法院认为，"销售复制设备，与销售其他商品一样，只要是广泛地用于合法的和不受反对的目的，就不构成帮助侵权"。也就是说，如果一种产品具有"实质性的非侵权用途"（substantial non-infringing use），即使产品提供者明知这种产品也可用于侵权活动，也不能认定其构成帮助侵权。

再来看 Napster 有关案例。第一个由于提供 P2P 技术被起诉的公司是 Napster。要加入 Napster 系统，用户首先必须从 Napster 的网站上下载一个名为 Music Share 的软件，并且登记由用户自己选定的账号和密码。该软件可以在电脑中生成一个特殊的文件夹，用户可以把愿意与他人共享的音乐文件放入该文件夹中。一旦用户登录到 Napster 系统中，Napster 服务器会与用户软件产生互动，该文件夹中所有音乐文件的名称信息都将上载到服务器中，表明这些名称所代表的音乐内容可以提供给 Napster 的其他用户自由下载。如果用户希望搜索特定的音乐文件，他可以在搜索引擎中输入关键词，然后 Napster 服务器便开始搜索所有当时连接在 Napster 系统中的用户文件夹。如果服务器发现其中有与关键词吻合的文件名称，就会将其显示在搜索用户的电脑终端上。

当 Napster 用户搜索到其所需要的文件名称后，通过直接点击文件名称栏下载整个音乐文件。发出下载指令的电脑直接与存储文件的电脑进行连接,然后相关文件便可以在两个电脑之间进行即时传输。文件传输实际上是通过互联网直接完成的,并不经过Napster服务器,更不会在服务器中产生任何永久或临时的复制件。

因此,Napster仅仅是提供文件共享的软件和音乐文件检索的服务,并没有直接参与音乐文件的传输,所有文件共享都是由用户发起,并且是在用户之间完成的。但从另外一个角度看,没有Napster的检索服务,用户之间无法知道彼此的网络地址,也就无法建立起下载连接。如果Napster关闭其服务器,整个Napster网络都将陷入瘫痪。由于起诉直接侵权非常困难,因此美国唱片业协会向法院起诉Napster实施了帮助侵权与代位侵权。美国联邦第九巡回上诉法院(以下简称"巡回法院")支持了地区法院认定的Napster应承担帮助侵权与代位侵权的责任。

其一,帮助侵权责任。

巡回法院对于认定帮助侵权采用了适用"SONY原则"的两步分析法:如果被告的产品具有"实质性非侵权用途",则能够豁免"有理由知道该产品可用于侵权用途"的被告,但是不能够豁免"知道"的被告。上诉法院引用了NETCOM案,认为网络技术提供者在接到其用户进行侵犯版权活动的明确通知后,必须采取行动尽可能制止侵权行为的继续;如果技术提供者没有及时制止侵权,它就符合了帮助侵权的"知道"要件和"实质性帮助"要件。由于版权人已经向Napster发出了成千上万份侵权通知,这一事实导致Napster知道侵权活动的存在,因而无法再从"SONY原则"中享受到豁免待遇,并且构成了帮助侵权的"知道"要件。在认定Napster的行为符合帮助侵权的第一个构成要件——知道——以后,巡回法院继续分析帮助侵权的第二个构成要件:以引诱、促使或以提供物质的方式帮助他人侵权。巡回法院认为,Napster将Music Share交付到用户手中之后,仍然与用户保持着密切的服务关系。通过其集中服务器,Napster持续提供着音乐搜索服务和网络地址连接等服务。如果Napster关闭所有服务器,停止营业,网络用户即使下载了Music Share软件,也无法进行音乐文件共享。从这个角度看，Napster 更像一个网络音乐跳蚤市场，构成了对网络音乐盗版的"实质性帮助"。

其二，代位侵权责任。

巡回法院在审理 Napster 案时，首先认为"实质性非侵权用途"原则只适用于帮助侵权，而不适用于代位侵权。接着，法院在分析了 Fonovisa 案以及其他判例后，认为 Napster 有权利和能力监督和控制侵权行为，因为它能够通过终止用户账号的手段，来阻止侵权人继续侵犯版权。就"直接经济利益"而言，巡回法院指出，Napster 通过提供音乐共享服务，已经积聚了庞大的客户资源，正在准备将其转化成营利渠道，如网络广告、网络服务费等。同时，庞大的客户资源本身就是网络公司的财富所在，能够吸引大量的风险投资，并提升公司的市场价值。总之，盗版音乐的免费下载，大大提升了 Napster 系统的吸引力，是它获得巨大客户资源的"诱饵"，所以 Napster 的经济利益与侵权行为有直接联系。因此，Napster 应承担代位责任。这些著作权领域的间接侵权案例也与网络空间有关。

下面我们专门再来分析网络空间里的直接侵权与间接侵权。

（四）网络空间里的直接侵权与间接侵权

3D 打印与网络侵权有莫大关系。其中包括了侵权责任的认定、网络侵权的管辖以及网络侵权的赔偿等许多问题。3D 打印文件网络分享平台与传统的 MP3 音乐平台很相似，承担的法律责任也较为相似。其不同点在于，传统的 MP3 音乐下载后，使用者只是使用其音乐，进行欣赏；3D 打印文件的下载者下载之后，可以进行生产制造。在这种情况下，3D 打印文件的共享平台，是否会因提供 3D 打印文件，而与涉嫌专利侵权或版权侵权的使用者一起承担法律责任呢？

在互联网世界里，对 3D 打印涉及的著作权等知识产权的侵权主要是侵犯著作权人的复制权、信息网络传播权、专利权、商标权。具体表现为把著作权人的作品上传到网络服务器供他人浏览、下载或以其他方式获得，从网络服务器上免费下载享有著作权的作品等。这里的实施者主要是普通的网民，当然还有网络服务器提供商为了营利把享有著作权的作品上传到自己的网络服务器上供网民在线浏览或下载或以其他方式获得等。

所谓直接侵权是指行为人直接实施了侵权，行为人有直接的主观故意，并造成侵权后果的发生。相应的网络知识产权的直接侵权是指行为人没有合法的理由，把受版权法、商标法或专利法（专利产品转换为 3D 数字形式，是受版权法还是专利法的保护，可能还会有所争议）等保护的作品上传到网络上或从网络上下载使用，侵权主体包括任何可能的行为者，主要包括网络用户和网络服务提供者。

我国《信息网络传播条例》能否适用于 3D 打印中的知识产权呢？该《信息网络传播条例》第 2 条规定，"权利人享有的信息网络传播权受《著作权法》和本条例保护。除法律、行政法规另有规定的外，任何组织或者个人将他人的作品、表演、录音录像制品通过信息网络向公众提供，应当取得权利人许可，并支付报酬"。第 5 条："未经权利人许可，任何组织或者个人不得进行下列行为……（二）通过信息网络向公众提供明知或者应知未经权利人许可被删除或者改变权利管理电子信息的作品、表演、录音录像制品。"可见目前的信息网络传播权的主要着眼点还是版权。也就是说，网络上的版权形式可以用来保护 3D 扫描文件以及 3D 打印的其他文件。

司法解释《关于审理侵害信息网络传播权民事纠纷案件适用法律若干问题的规定》，对网络空间里的直接侵权与间接侵权作了明确规定。网络服务提供者行为的不同，决定了其责任的不同。例如，网络服务提供者未经许可，自行或以与他人通过分工合作等方式，通过信息网络提供权利人享有信息网络传播权的作品、表演、录音录像制品，除法律、行政法规另有规定外，其行为构成直接侵害信息网络传播权；如果其没有实施提供行为，在提供网络服务时，教唆或帮助网络用户实施侵害信息网络传播权行为的，法院认定网络服务提供者构成间接侵害信息网络传播权行为，则需对网络用户的直接侵害信息网络传播权的行为承担连带责任。

其中明确了两种间接侵权行为，一是教唆侵权，即网络服务提供者以言语、推介技术支持、奖励积分等方式诱导、鼓励网络用户实施侵害信息网络传播权行为的，人民法院应当认定其构成教唆侵权；二是帮助侵权，即网络服务提供者明知或应知网络用户利用网络服务侵害信息网络传播权，未采取删除、屏蔽、断开链接等必要措施，或者提供技术支持等帮助行为的，人民法院应当认定其构成帮助侵权。

间接侵权的责任承担应该是根据具体情况承担按份责任，或者连带责任。确定多人侵权行为中各个行为人之间应承担的责任，仍应根据客观行为发生的原因力之间的关系。首先，如果各个原因力是同一的或是相加共同组成一个行为，原因力的实施者主观上存在共同的故意或过失，那么这是典型的共同侵权，此时原因力虽为多人实施，但对于受害者来说，此多人实施的原因力实际上是一个原因力，而原因力的实施者自然应该就一个行为承担责任，那么一个原因力的多个实施者应该对受害人承担连带责任。

其次，如果各个原因力都能造成损害，但没有共同的故意或过失，只有相同或相似的故意或过失，实际发生的损害是由多个相同的原因力相加造成的，实际在这种情况下，原因力实施者之间并不应该承担连带责任，而应承担按份责任，但是假定该命题成立的话，将出现受害人举证不能的后果，实践中发生的事实多属无法区分原因力大小的，为了平衡致害人和受害人之间的力量对比，法律拟制了多个原因力实施主体之间承担连带责任。

五、3D打印的知识产权制度的变革

3D打印技术以其立体复制的维度变化、"加法"式生产方式以及与互联网相结合的商业模式，对知识产权制度构成了潜在的挑战。这些挑战包括，3D打印的使用者是否构成侵犯原来产品的版权或专利权？是否构成侵权商标权？3D打印使用者是否拥有以及在何种程度上拥有合理使用的权利？种种以免费或有偿分享3D打印设计文件或扫描文件的网络平台应当承担何种法律责任？这些都值得我们深入探讨。

如果我们需要将这些问题归结为一个总的问题，那就是，现有的知识产权制度体系是否还能继续调整 3D 打印技术中出现的种种新的知识产权疑问与挑战？如果能，是不需要作知识产权制度上的微调就够用还是需要适当微调？如果不能，又应当如何调整才能适应 3D 打印技术的发展、新的生产方式下的种种经济与社会行为？

后面我们将分别从著作权（版权）、专利权、商标权等方面逐一进行探讨。本文的一个总的基本观点就是 3D 打印技术的发展将会对现有的知识产权体系构成挑战，只是这种挑战尚未达到大规模纠纷无法处理的地步；随着 3D 打印技术的发展和应用，知识产权体系应当作出适应性调整。并且，不排除未来会设立"3D 打印权"和将 3D 打印许多情况列入合理使用范围的探索与重要调整，以适应经济、社会发展的可能的需要。

第四章
3D 打印的版权法分析

一、3D 打印的版权法分析概述

3D 打印技术是从立体到立体的复制，这种"复制"，第一个令人想起与知识产权有关的问题就是版权法意义上的问题——3D 打印技术这种复制，是否会构成侵犯版权？

其一，从作品的角度来看，3D 打印作品是否属于版权法中的立体作品？传统的版权法意义上的立体作品能否解释、涵盖 3D 打印作品？

其二，"3D 打印"这种行为是否是版权法意义上的复制？这种打印的行为是"复制"还是生产制造？

其三，3D 打印让个人有可能成为大量产品复制的主体，这时知识产权法又将如何处理？

其四，3D 打印在何种情况下构成版权侵权？这种侵权与否的法律边界在哪里？3D 打印中哪些情况可能适用合理使用？是否需要新增或重新划定合理使用与版权侵权的边界，以适用于 3D 打印技术的大规模应用新趋势？

下面我们就逐一探讨。

二、作品之辩：3D 打印与立体作品

（一）作品、立体作品与 3D 打印产品

现在的版权法里就有立体作品的概念。要谈立体作品，先谈其上位概念——作品。作品是版权的对象。版权正是指作者对其作品享有的权利（包括财产权、人身权）。版权的作品有自然科学、社会科学以及文学、音乐、戏剧、绘画、雕塑、摄影和电影摄影等方面的作品。

版权法上的作品类型有很多。根据 2013 年 1 月 30 日《国务院关于修改〈中华人民共和国著作权法实施条例〉的决定》第二次修订的《著作权法实施条例》第 4 条，《著作权法》中的作品包括：

（1）文字作品，是指小说、诗词、散文、论文等以文字形式表现的作品；（2）口述作品，是指即兴的演说、授课、法庭辩论等以口头语言形式表现的作品；（3）音乐作品，是指歌曲、交响乐等能够演唱或者演奏的带词或者不带词的作品；（4）戏剧作品，是指话剧、歌剧、地方戏等供舞台演出的作品；（5）曲艺作品，是指相声、快书、大鼓、评书等以说唱为主要形式表演的作品；（6）舞蹈作品，是指通过连续的动作、姿势、表情等表现思想情感的作品；（7）杂技艺术作品，是指杂技、魔术、马戏等通过形体动作和技巧表现的作品；（8）美术作品，是指绘画、书法、雕塑等以线条、色彩或者其他方式构成的有审美意义的平面或者立体的造型艺术作品；（9）建筑作品，是指以建筑物或者构筑物形式表现的有审美意义的作品；（10）摄影作品，是指借助器械在感光材料或者其他介质上记录客观物体形象的艺术作品；（11）电影作品和以类似摄制电影的方法创作的作品，是指摄制在一定介质上，由一系列有伴音或者无伴音的画面组成，并且借助适当装置放映或者以其他方式传播的作品；（12）图形作品，是指为施工、生产绘制的工程设计图、产品设计图，以及反映地理现象、说明事物原理或者结构的地图、示意图等作品；（13）模型作

品，是指为展示、试验或者观测等用途，根据物体的形状和结构，按照一定比例制成的立体作品。

2014年我国《著作权法》计划进行第三次修订，其《著作权法修订草案（送审稿）》删除了现行《著作权法》中的一种作品类型"模型作品"，而加入了一种新的作品形式"立体作品"，即"为生产产品、展示地理地形、说明事物原理或者结构而创作的三维产品"。对比二者含义不难看出，"模型作品"的部分内涵已被"立体作品"吸收。

上海市第二中级人民法院的袁博认为，在现有的作品类型中，"模型作品"的定义是"为展示、试验或者观测等用途，根据物体的形状和结构，按照一定的比例制成的立体作品"。[1] 从这个定义可以看出，大部分的"模型作品"不符合作品概念，因为，按照一定比例缩小所制成的模型，大部分不具有独创性。《著作权法》上的独创性，包括"独"和"创"两个要件。其中"独"的含义是指"独立创作、源自本人"，而"创"即"创造性"，包含两层含义：首先，作品必须包含一定的创作高度，要求反映作者个性化的选择、安排和取舍等个人印记；其次，某些智力成果的创作过程需要艰辛的劳动或者高超的技巧，但"创造性"并不等同于劳动的多少或者技巧的高低。对于类似古画临摹的很多智力成果的创造，都涉及技艺的运用，有些甚至要求创造者付出极大的心血。然而，单纯的技艺只要不带来个性化的选择和表达，没有著作权法意义上的创造，就不能产生作品。例如，将"思想者"雕塑按照1∶1000的比例精确缩小用一颗米粒雕制完成，的确是一种令人瞠目结舌的技艺；但是，只要各部分都严格遵守这个比例，那么绘画者就没有对这种表达作出任何实质性的改动，没有贡献出源自本人的任何新的点、线、面和几何结构，就不能构成新的作品。因此，当某一实体本身构成作品时，其等比例精确缩小的模

---

[1] 袁博. 著作权法：新增"立体作品"，作品类型设置更合理 [EB/OL]. (2014-06-23) [2015-03-10]. http://www.iprchn.com/Index_NewsContent.aspx?newsId=74203.

型也构成作品,但两个作品在著作权法上被视为"同一作品"。对于那些不构成作品的物体,对其按照比例缩小制成的模型也有相当一部分不构成作品,因为在平面或立体造型上没有带来新的表达,因此一般不具有独创性。但在某些情形下,例如,根据有生命的动物制作的模型,由于要对动物的体态、神情作出取舍、创造,因此可能形成作品。综上所述,模型作品作为一种作品类型存在极大争议。

2014年《著作权法修订草案(送审稿)》中设立"立体作品",不但解决了模型作品"等比例缩放一般不产生独创性"的问题,而且还有如下优势:第一,由于模型作品定义为对原物按一定比例缩放模仿制成的立体作品,这就导致那些不太严格按照比例制作的模型产生尴尬。例如,为了教学需要而不严格按照人体器官比例制造、夸张突出其中某些器官的教学模型,"立体作品"可将这些纳入保护范围。第二,由于模型作品定义为基于实物而制造的物体,因而排除了现实中先于实物而产生的那些按照实验、图样等制作的样品模型,而"立体作品"同样可以对这些智力成果给予完善的保护。

作品需要具备三个条件:

第一,具有一定精神的表达内涵,即作品要具有某种思想或美学方面的精神内容。

第二,上述精神内容需要通过一定的表达形式表达出来。如果只是产生于大脑里的想法、初步的构想,还不能称作作品,必须要有具体的表达,以某种载体表现出来。比如作为文字书写出来,作为演讲说出来,作为美术画出来才行。需要在外部世界中产生出来,无论像录音或者写作那样保存下来还是像歌唱或演说那样即兴而作转瞬即逝的,只要能够表达出来,那也才可能是作品。

第三,这种表达要有一定的独创性。当然这种独创性里的"独创",并非是指标新立异或一定需要独特之处,而是主要意在通过个体的独立智力劳动完成的作品。由此,抄袭、剽窃是不能构成真正意义上的版权作品的。当然,每一个人创作作品都不可能在空中建立,而总是在前人的基础上、社会发生的事情基础上,经过人的大脑加工、想象、推演而成。如果创作完成的作品含有前人的成果,该创作者仅就其独创的部分享有版权,这种独创部分可以综合理解为其独立创作的一部分以及该作品作为一个整体的存在。

上面作品分类中,哪些是3D打印可能涉及的立体作品呢?一是雕塑作品;二是实用美术作品;三是为展示、试验或观测等用途,根据物体的形状和结构,按照一定比例制成的模型作品。当然这第三种如果在新的《著作权法》修订之后,则可以扩展到与3D打印有关的更宽泛的立体作品的范围。

小结一下,传统版权法里也有立体作品,这种立体作品作为作品的下位概念而存在,同样需要符合作品的要件。从版权角度来看,3D打印出来的产品,如果满足版权法上立体作品的独创性的要求,也是可以构成立体作品的。

（二）立体作品的侵权案例研讨

3D打印的产品既然有相当一部分可纳入立体作品,则我们需要考察一下立体作品涉及是否构成侵权的案例。这些案例对于未来处理3D打印产品中那些构成立体作品的纠纷不无启示意义。

1. 立体美术作品案：具有独创性的立体作品受版权法保护

让我们来看一则发生在中国的案例,"西湖十景"女子发型是否构成立体美术作品及其是否侵权的案件。

2009年年初,何某构思以女子发型来演绎"西湖十景",绘制了人物素描,并附有策划书、对模特的形体要求、头饰选择、搭配服装等简要说明。在何某的要求和指导下,发型师、服装设计师分别在模特身上进行了发型设计制作和服装设计制作。2009年4月22日,"西湖十景"形象造型在杭州市运河文化广场向公众亮相,《青年时报》作了报道并刊载了10个形象造型的照片。此后,2009年5月1日,"西湖十景"形象秀正式在第五届"中国国际动漫节"上展示,后又在"中国杭州西湖国际博览会"的"古琴音乐节"开幕式平湖秋月水面现场公演,获得了领导和观众的一致赞誉。

杭州某文化传播有限公司曾向何某提供部分模特,并拍摄了其模特以"西湖十景"形象为造型的演出。2010年10月12日,杭州电视台明珠频道播出"第二届杭州美丽节之夜颁奖晚会",以自己的名义推出了"西湖十景"造型秀,并在其网站作了发布。原告(何某)发现后,认为被告(杭州某文化传播有限公司)抄袭、模仿、改编使用了自己的原创作品,并进行了歪曲和丑化,从而提出侵权诉讼。

经过浙江省杭州市西湖区人民法院一审、杭州市中级人民法院二审,最终该案判定两点。其一,该案争议焦点在于何某主张权利的"西湖十景"形象造型是否属于著作权法上的立体美术作品,结论是构成立体作品。其二,杭州某文化传播有限公司的造型是否剽窃、篡改、歪曲上述造型?法院最终定为不构成侵权。

法院给出的主要理由如下。

其一,形象造型必须属于艺术领域的智力成果,具有独创性、可复制性,方能构成作品。涉案形象造型系以夸张的发型搭配服饰等,目的在于以走秀形式展示"西湖十景",带有艺术表演性质,具有审美意义,其与一般实用意义上的造型不同,应当属于艺术领域。"西湖十景"形象造型已经以有形的表达方式呈现,而不再仅仅停留于创意阶段,可以通过拍照、摄录等有形形式进行复制,因此其具有可复制性。从何某提供的设计素描图和照片来看,何某根据自己对"西湖十景"如何具体化为形象造型的思考,对发型、头饰等具体的搭配、布局等作出了个性化的选择和判断,由此形成的智力成果具有一定的独创性。因此,涉案"西湖十景"形象造型属于立体的美术作品。

其二,关于杭州某文化传播有限公司的造型是否剽窃、篡改、歪曲上述造型的问题,首先需要判断杭州某文化传播有限公司的造型与上述造型是否构成相似。同样,这种相似应当是外在表达上的相似,而非创意上的相似。同时,在判断相似性时,要排除已进入公有领域的素材和表达,如普遍使用的发式、头饰等,以及表达某个主题自然要使用到的相对固定的元素。"西湖十景"的主要特征都是客观存在的,如"断桥残雪""雷峰夕照""柳浪闻莺"等能让人自然联系到桥、塔、鸟等,要体现十景的特征,让观众联想到十景,自然要用到这些元素,对这些元素的使用本身不能成为构成相似性的原因,而应当考察这些元素具体的布局、形态等。何某主张其形象造型为立体的美术作品，则何某负有举证义务。但何某仅提供了平面的设计素描图和几幅从一个角度拍摄的照片，受何某提供的证据所限，对涉案形象造型的考察限于一个角度的平面照片而非全面的整个立体造型，何某应就此承担举证不能的不利法律后果。更何况，即便是根据何某目前提供的比对材料来判断，杭州某文化传播有限公司的造型与何某的也并不相似，不构成剽窃、篡改、歪曲。

法院认为，首先，从原告主张权利的作品与被控作品的对比可以看出，两者所呈现出的作品表达形式不相同。其次，对于双方的造型即作品的表达中，均具有某些特定元素的问题，"西湖十景"所对应的特定景物，古已有之。因此，以其为表现主题，使用发型等作为表达方式，其作品的表达，必然受到"西湖十景"所对应特定景物的限制。因此，不能以被告公司的造型与原告的造型在表达形式上共有某些特定的元素即判定为侵权成立。最后，虽然现有的证据表明被告公司的造型借鉴了原告的创意。但是，由于被告公司的造型在表达形式上与原告作品存在诸多不同，如风格、布局、搭配等具体表达方式存在不同。因此被告公司虽然在自己的造型中借鉴了原告的构思、使用了原告的创意，但该种借鉴并非著作权法意义上的改编；同时，由于著作权法保护的是作品的表达形式，不保护思想和创意，因此，被告公司的借鉴行为并不构成对原告著作权的侵犯。

从该案的情况来看，这是法院将版权法适用于立体作品的一个典型案例。立体作品必须是艺术领域的智力成果，具有独创性、可复制性，方能构成作品。这对于我们认识3D打印中是否存在立体作品问题将有所帮助。

2. 雕塑作品侵犯著作权案：立体作品不适用临摹

郑楚雄系福安市第十中学美术教师，国家H级美术师。1997年12月前后，郑楚雄应福安市赛岐镇人民政府的要求，为之创作该镇大桥头三角坪群牛塑像图案，经多次易稿，最后敲定了三牛图案。同年12月31日，双方签订合同，约定由郑楚雄依照选中的图案雕塑，总造价28.5万元。三牛塑像于1998年6月完工。1998年12月，被告理塘村委会拟在其村委会大楼前建造牛的雕像，便向黄某某提供了赛岐三牛塑像的照片，并要求其去看了实物，要求黄某某按当地水牛的形象雕塑。黄某某根据鹤塘村委会的授意作出模型，经鹤塘村委会认可确定后，由黄加工制作成型，设置在鹤塘村委大楼前，鹤塘村委会付给黄某某 5.06 万元劳务费。设置在鹤塘村委会大楼前的三牛雕塑没有任何文字说明和署名。但其无论在整体布局还是三牛的体态及神态上都与郑楚雄创作的赛岐三牛雕塑相似。郑楚雄获悉后，经交涉未果，便向宁德市中级人民法院提起诉讼，称被告鹤塘村委会抄袭、剽窃其雕塑作品，侵犯其三牛雕塑作品的著作权，请求判令被告赔礼道歉、消除影响并赔偿经济损失人民币 3 万元。

被告鹤塘村委会答辩称：赛岐三牛雕塑作者不明，原告称其是作者依据不足。本村委会大楼前的三牛雕塑与赛岐三牛雕塑有些相似，但并不相同。其三牛雕塑是从莆田石雕厂购买并按本地牛的风格建造的，不存在抄袭、剽窃他人作品的情况。即使在造型上借鉴了赛岐三牛雕塑，也属著作权法上的合理使用。请求驳回原告诉请。

宁德市中级人民法院经审理认为，郑楚雄是赛岐三牛雕塑的作者，其著作权应受法律保护。鹤塘村委会未经著作权人许可，雕塑了风格、造型和摆设等主要内容与原告的作品基本相同的三牛塑像，不属于著作权法规定的对作品的合理使用范围。鹤塘村委会不能合理解释其三牛雕塑与郑楚雄创作的赛岐三牛雕塑为何会在主要表现内容方面基本一致，故鹤塘村委会的行为属于剽窃他人作品的侵权行为，应负相应的法律责任。郑楚雄请求鹤塘村委会赔偿 3 万元经济损失等，符合有关法律规定，也未超出该案可能给郑楚雄造成的损失范围，其请求予以支持。依照《中华人民共和国著作权法》第 21 条第 1 款、第 46 条第（1）项的规定，法院判决如下：一是，鹤塘村委会应于该判决生效之日起 30 日内在《闽东日报》上刊登文章向郑楚雄道歉；二是，鹤塘村委会应于该判决生效之日起 30 日内赔偿郑楚雄经济损失人民币 3 万元。

宣判后，鹤塘村委会提出上诉，称：（1）一审判定郑楚雄是赛岐三牛的作者依据不足；（2）其未在鹤塘三牛雕塑上置名，且鹤塘三牛与赛岐三牛在局部上有许多不同之处，一审认定鹤塘三牛属剽窃，没有依据；（3）鹤塘三牛只是在摆列、布局方面借鉴了赛岐三牛的表现形式，根据《周轻鼎谈动物雕塑》中关于临摹的论述，我们认为，从立体作品到立体作品的复制，是一种临摹行为。因此，即使"鹤塘三牛"与"赛岐三牛"有相同之处，属于我国《著作权法》规定的合理使用范围。（4）一审法院判令其赔偿3万元缺乏依据。请求二审法院撤销一审判决，驳回郑楚雄的诉讼请求。

　　福建省高级人民法院经审理认为：根据我国《著作权法》第11条第2款的规定，创作作品的公民是作者。现郑楚雄提供了相应的证据证明了其为赛岐三牛雕塑作品的作者，理应享有该作品的著作权。上诉人鹤塘村委会对郑楚雄作者身份的怀疑，没有提供任何的证据，不予采纳。设置在鹤塘村委会大楼前的三牛雕塑体现了鹤塘村委会的创作意志，也是在鹤塘村委主持下进行的，根据我国《著作权法》第11条第3款的规定，该作品的作者是鹤塘村委会，鹤塘村委会应承担相应的责任。鹤塘村委会以未署名为由，否认设置在其大楼前的三牛雕塑是其作品的抗辩理由不能成立。将赛岐三牛雕塑与鹤塘三牛雕塑相比较，二者无论在整体布局和设置风格上，如牛的数量、相应位置、高低错落等，还是在三牛各自的体态和神态上，如牛头的朝向、各牛的姿态等方面都很相似，所有的差别都是细节的局部的，没有涉及作品的独创性，对此鹤塘村委会没有作出令人信服的合理解释。故鹤塘村委会有关鹤塘三牛雕塑与赛岐三牛雕塑是完全不同的作品的理由不能成立。原审有关鹤塘村委会剽窃他人作品的认定是正确的，鹤塘村委会应承担相应的侵权责任。鹤塘村委会依据某些书籍将"临摹"含义延伸理解为立体作品的复制，依此认为即使鹤塘三牛雕塑与赛岐三牛雕塑有相同之处，也属于《著作权法》中规定的合理使用范围。但这些书籍对"临摹"含义的解释既不是法学学理解释，更不是法律有效解释。《著作权法》第22条第10项规定中的"临摹"的理解，无论是从其立法本意还是从词义本身，都是指对平面作品的平面复制的一种方式，而不含从立体作品到立体作品的复制。故鹤塘村委会有关鹤塘三牛雕塑是对赛岐三牛雕塑的"合理使用"的抗辩意见缺乏依据，不予采纳。原审仅依据郑楚雄的陈述，即判决鹤塘村委会赔偿人民币3万元缺乏依据。根据该案作者及作品的知名度、侵权的情节及影响,以及侵权可能给作者造成的损失等因素综合考虑,赔偿额应适当降低。另,原审判决主文第一项中要求以刊登文章的形式赔礼道歉不妥,应改为以刊登声明的形式赔礼道歉。综上所述,二审法院认为原审认定事实基本清楚,审判程序合法,但赔偿依据不足。依照《中华人民共和国民事诉讼法》第153条第1款第(2)项的规定,判决如下:一是,变更原审判决第一项为"鹤塘村委会应于本判决生效之日起30日内在《闽东日报》上刊登声明向郑楚雄赔礼道歉";二是,变更原审判决第二项为"鹤塘村委会应于本判决生效之日起30日内赔偿郑楚雄经济损失人民币2万元"。❶

由这个案例来看,3D打印作品如果被视为从立体作品到立体作品的复制,是一种临摹行为,法院一般是会不予支持的。

3. 建筑作品案:建筑作品也是作品

我国对建筑作品的认识经历了从隶属美术作品到独立再到限定范围的过程。在对1990年《著作权法》的解释上认为建筑作品属于美术作品;2001年修订的《著作权法》将美术作品、建筑作品并列为一项,而将建筑设计图归入工程设计图中,将建筑模型归入模型作品。2002年国务院颁布的《著作权法实施条例》,将建筑作品的范围限制于建筑物本身。

原告国家体育场公司诉称:北京2008年奥林匹克运动会主会场国家体育场(又称"鸟巢")于2008年6月27日竣工验收,原告是该建筑作品的著作权人。此外,原告还是《国家体育场夜景图》图形作品和《国家体育场模型》模型作品的著作权人。2008年12月以来,原告发现,市场上开始出现由第一被告监制、第二被告生产、第三被告销售的"盛放鸟巢"烟花产品。上述烟花产品模仿了"鸟巢"的独特艺术特征,剽窃了原告的创作智慧,违反了2001年10月27日修正的《著作权法》第46条第(5)项和第(6)项、第47条第

---

❶ 郑楚雄诉鹤塘村委会剽窃其雕塑作品侵犯著作权案[EB/OL]. (2011-06-16) [2015-06-12]. http://china.findlaw.cn/chanquan/chanquananli/qtzszqal/41349.html.

（1）项的规定，已构成对原告著作权的严重侵害，被告亦因此获得巨大不正当利益。据此，请求人民法院判令被告：（1）立即停止对原告著作权的侵犯；（2）在全国性报纸上公开声明，向原告赔礼道歉，消除影响；（3）赔偿原告经济损失400万元。

被告熊猫集团公司辩称：（1）第一被告既不是被控侵权产品的生产商，也不是该产品的销售商。作为被控侵权产品的监制单位，其仅是对第二被告的烟花产品生产进行质量监控和提供技术支持。原告要求第一被告承担侵权责任没有事实和法律依据。（2）原告提供的证据只能证明其享有相关作品的著作财产权，并非著作人身权，而消除影响、赔礼道歉仅适用于侵害人身权的侵权情形，故原告要求消除影响、赔礼道歉的诉讼请求不应予以支持。综上所述，请求人民法院依法驳回原告全部诉讼请求。

被告浏阳熊猫公司辩称：（1）"盛放鸟巢"烟花外观为第二被告委托香港新兴广告有限公司（以下简称"香港新兴公司"）进行设计完成的工业产品外观，有合法来源。其作为该设计委托方，对该设计成果享有独立的民事权利。（2）"盛放鸟巢"烟花产品，没有侵犯国家体育场建筑作品、图形作品、模型作品著作权。首先，"盛放鸟巢"烟花是工业产品，不是著作权法意义上的作品，不存在对国家体育场建筑作品、图形作品、模型作品的剽窃或复制。其次，《著作权法》第22条第1款第（10）项规定，"对设置或者陈列在室外公共场所的艺术作品进行临摹、绘画、摄影、录像"属于对作品的合理使用，即便"盛放鸟巢"烟花包装图案模仿了国家体育场，也是对该建筑作品的合理使用，不构成任何侵权行为。（3）原告提供的证据只能证明其享有相关作品的著作财产权，而不享有著作人身权。而消除影响、赔礼道歉仅适用于侵害人身权的侵权情形，故原告要求消除影响、赔礼道歉的诉讼请求不应予以支持。（4）因被告生产、销售"盛放鸟巢"烟花的行为不构成对有关著作权的侵犯，因此，原告要求被告停止侵权并赔偿损失没有事实和法律依据。综上所述，请求人民法院依法驳回原告全部诉讼请求。

被告北京熊猫公司辩称：（1）第三被告为依法成立的法人企业，

能够从事烟花爆竹的经营销售业务,是合法的烟花销售商。(2)第三被告仅为"盛放鸟巢"烟花产品的销售商,该产品有合法来源,且第三被告针对所购产品的特殊性,已经对是否侵犯他人知识产权进行了合理审查,履行了合理的注意义务,其销售行为不构成对原告著作权的侵犯。(3)第二被告生产的"盛放鸟巢"烟花产品包装为第二被告委托第三方独立完成的工业产品外观设计,包装图案是对国家体育场建筑作品的合理使用,不侵犯原告的任何权利。综上所述,请求人民法院依法驳回原告全部诉讼请求。

法院经审理查明,关于原告主张权利的作品的基本事实如下。2003年11月13日,国家体育场有限责任公司(筹)(委托方)与Herzog & de Meuron Architekten AG(H&de M)、Ove Arup & Partners Hongkong Ltd.、中国建筑设计研究院(合称设计方)订立《国家体育场设计服务合同书》,约定委托方委托设计方提供国家体育场设计服务,在合同中双方就有关著作权归属明确约定:"H&de M将其现有'概念设计方案'和已完成的方案设计成果的著作权在世界范围内转让给委托方,但H&de M仍享有前述著作权项下的人身权;设计方已形成或正在准备中的设计成果的著作权中的财产权和利益在世界范围内归委托方独家、排他所有。"各方在合同中约定,合同中的"委托方"是指由北京市国有资产经营有限责任公司、中国中信集团联合体为进行体育场项目投融资、设计、建设、运营维护等成立的具有法人资格的中外合作经营企业,即国家体育场有限责任公司(筹)或其权利义务的合法继承主体。在国家体育场公司依据中国法律正式注册成立后,国家体育场公司将承续该合同项下委托方的全部权利义务。

2003年12月17日,国家体育场公司登记成立,企业类型为中外合作经营企业。国家体育场于2003年12月24日开工,于2008年6月27日竣工验收,于2008年7月24日完成竣工验收备案。验收备案表上载明的建设单位为国家体育场公司,设计单位为瑞士赫尔佐格和德梅隆事务所、奥雅纳、中国建筑设计研究院。

国家版权局于2006年1月26日向国家体育场公司颁发了登记号为2006-F-04072的《著作权登记证书》,其中载明:国家体育场公司提交的文件符合规定要求，对由钟小李于 2005 年 9 月 30 日创作完成的作品《国家体育场模型》（The Model of National Stadium），由国家体育场公司以被转让人身份依法享有著作权。

国家版权局于 2006 年 3 月 1 日向国家体育场公司颁发了登记号为 2006 - G - 04472 的《著作权登记证书》，其中载明：国家体育场公司提交的文件符合规定要求，对由 Herzog & de Meuron Architekten AG（瑞士）于 2004 年 11 月 10 日创作完成，于 2004 年 11 月 15 日在北京首次发表的作品《国家体育场夜景图（一）》，由国家体育场公司以委托作品著作权人身份依法享有著作权。

国家版权局于 2006 年 3 月 1 日向国家体育场公司颁发了登记号为 2006 - G - 04473 的《著作权登记证书》，其中载明：国家体育场公司提交的文件符合规定要求，对由 Herzog & de Meuron Architekten AG（瑞士）于 2003 年 3 月 18 日创作完成，于 2003 年 3 月 20 日在北京首次发表的作品《国家体育场夜景图（二）》，由国家体育场公司以委托作品著作权人身份依法享有著作权。

在开庭审理过程中，原告坚持认为夜景图、模型作品和建筑作品属于同一作品的不同表现形式，并且明确表示其在该案中仅主张建筑作品著作权。

国家体育场呈现出以下特点：（1）整体造型。东西方向窄而高，南北方向长而低，其外形呈立体马鞍形。（2）长宽比例。南北长 333 米，东西宽 296 米，长宽比例为 1∶0.88。（3）钢架结构。外观为看似随意的钢桁架交织围绕内部田径足球场。（4）色调线条搭配。在夜间灯光的映衬下，国家体育场的钢架呈现出灰蓝色，看台背板呈现出红色，灰蓝色钢架在外笼罩红色看台。（5）火炬。东北侧顶部设置了突起用于点燃奥林匹克圣火的火炬。（6）照明。国家体育场的照明装置，安装在顶部上下弦之间的立面上，以使灯光照向田径场内。（7）田径场。国家体育场内部为绿色足球场、红色外围跑道。

国家体育场为 2008 年第 29 届奥林匹克运动会的主会场。上述事实有《国家体育场设计服务合同书》、企业法人营业执照、《北京市房屋建筑工程和市政基础设施工程竣工验收备案表》《著作权登记证书》、国家体育场照片及当事人陈述等证据在案佐证。

关于原告指控被告侵犯原告著作权的行为的有关事实如下。2009年1月14日，国家体育场公司的委托代理人在城关迅达商店以单价140元的价格购买"盛放鸟巢"烟花3个，并对产品进行了拍照，北京市方圆公证处对购买过程进行了公证。在该案开庭审理过程中，法院对于公证购买并封存的"盛放鸟巢"烟花当庭进行了勘验，该产品呈现出以下特点：（1）整体造型。呈立体马鞍形，窄的两个对边高，长的两个对边低。（2）长宽比例。长40厘米，宽33.5厘米，长宽比例为1:0.84。（3）钢架结构。外部绘制了与国家体育场看似随意的钢桁架相近似的线条，其弯曲的角度和弧度、交织的频率均与国家体育场的外观相似。（4）色调线条搭配。外在色彩，采用灰蓝色线条交织覆盖红色体身的搭配设计。（5）火炬。"盛放鸟巢"在顶部一侧安放了烟花的点火点。（6）照明。"盛放鸟巢"在顶部上下弦之间的立面上绘制了灯光照明的图案。（7）田径场。"盛放鸟巢"在内部设置了绿色足球场、红色外围跑道图案。该产品上载明：浏阳熊猫公司制造，熊猫集团公司监制，北京熊猫公司经销。

法院认为，虽然原告在起诉状中主张其亦享有《国家体育场夜景图》图形作品和《国家体育场模型》模型作品的著作权，但由于在该案开庭审理过程中，原告明确表示其在该案中仅主张国家体育场建筑作品著作权，因此，该案的争议焦点即在于原告是否享有国家体育场建筑作品著作权，各被告是否侵犯了原告主张的这一建筑作品的著作权，并在此基础上确定各被告是否应当以及如何承担相应的民事责任。

那么，原告是否享有国家体育场建筑作品著作权？《著作权法》第2条第1款规定："中国公民、法人或者其他组织的作品，不论是否发表，依照本法享有著作权。"而《著作权法》第3条第（4）项规定，作品包括建筑作品。《著作权法实施条例》第4条第（9）项规定："建筑作品，是指以建筑物或者构筑物形式表现的有审美意义的作品。"建筑物或者构筑物能够作为作品受到保护，是因为它们具有独立于其实用功能的艺术美感，反映了建筑设计师独特的建筑美学观点与创造力，缺乏独创性或者没有任何艺术美感的建筑物或者构筑物并不是建筑作品。该案中，原告主张其对北京 2008 年奥林匹克运动会主会场国家体育场享有建筑作品的著作权。从形式上看，国家体育场属于《著作权法实施条例》所指的建筑物，与此同时，其所采用的钢桁架交织围绕碗状建筑外观形象，空间结构科学简洁，建筑和结构完整统一，设计新颖，结构独特，具备了《著作权法实施条例》所要求的独立于该建筑物实用功能之外的艺术美感，体现出相当水准的独创性，因此，可以认定国家体育场属于《著作权法实施条例》所指称的建筑作品。

《著作权法》第 17 条规定："受委托创作的作品，著作权的归属由委托人和受托人通过合同约定。合同未作明确约定或者没有订立合同的，著作权属于受托人。"根据《国家体育场设计服务合同书》的约定，有关国家体育场方案设计成果的著作权中的财产权由委托方即国家体育场公司（筹）或其权利义务的合法继承主体享有。而根据法院业已查明的事实，虽然在该合同签署时，原告尚未成立；但是，该设计合同的委托方为原告的筹备组，且合同上已经载明，合同所指的委托方为"国家体育场有限责任公司（筹）或其权利义务的合法继承主体"，其他证据亦显示，原告各股东及设计合同设计方均认可原告成立后承继委托方的地位，且各被告均未对此举出反证，故法院在此基础上，认定原告为涉案的国家体育场这一建筑作品的委托方，已经依据相关合同取得了涉案建筑作品的著作财产权，其对国家体育场这一建筑作品所享有的相关权利应依法得到保护。

"盛放鸟巢"烟花产品的制造和销售行为是否属于侵犯原告所享有的建筑作品著作权的行为？根据《著作权法》第 46 条第 1 款第（5）项、第 47 条第 1 款第（1）项的规定，未经著作权人许可，剽窃、复制、发行其作品的，属于侵犯著作权的行为。

原告主张"盛放鸟巢"烟花产品模仿了国家体育场建筑作品的独特艺术特征，剽窃了原告的创作智慧，已构成对原告著作权的严重侵害。对此，法院认为，对建筑作品著作权的保护，主要是对建筑作品所体现出的独立于其实用功能之外的艺术美感的保护，因此，在没有合理使用等合法依据的情况下，未经建筑作品著作权人许可，以剽窃、复制、发行等方式对建筑作品所体现出的艺术美感加以不当使用、损害著作权人合法权益的行为，构成对建筑作品著作权的侵犯。

"盛放鸟巢"烟花产品外形呈椭圆形，中部镂空，且在整体造型、长宽比例、钢架结构、色调线条搭配、火炬等方面采用了与国家体育场外观相同或者近似的设计，较为全面地体现出国家体育场建筑作品所采用的钢桁架交织围绕碗状结构的独创性特征，构成了对国家体育场建筑作品的高度模仿，系对国家体育场建筑作品独创性智力成果的再现，与国家体育场构成实质性相似。对"盛放鸟巢"烟花产品的制造和销售，构成对国家体育场建筑作品的复制和发行。

《著作权法》第10条第1款第（14）项规定："改编权，即改变作品，创作出具有独创性的新作品的权利。"从上述规定可知，改编权是改变作品以创作出具有独创性的新作品的权利。而该案中，被告熊猫集团公司和被告浏阳熊猫公司制造"盛放鸟巢"烟花产品的行为，并不是通过对国家体育场这一建筑作品的改变而创作出具有独创性的新的作品的行为，因此，原告主张被告侵犯其改编权的主张不能成立。

如上所述，对建筑作品著作权的保护，主要是对建筑作品所体现出的独立于其实用功能之外的艺术美感的保护，只要未经权利人许可，对建筑作品所体现出的艺术美感加以不当使用，即构成对建筑作品著作权的侵犯，而不论此种使用是使用在著作权法意义上的作品中，还是工业产品中，亦即不受所使用载体的限制。因此，被告浏阳熊猫公司辩称"盛放鸟巢"烟花产品是工业产品，不是著作权法意义上的作品，不存在对国家体育场建筑作品的剽窃或复制的抗辩主张缺乏法律依据，不能成立，故法院未予支持。

被告浏阳熊猫公司主张，《著作权法》第22条第1款第（10）项规定，"对设置或者陈列在室外公共场所的艺术作品进行临摹、绘画、摄影、录像"，属于对作品的合理使用，"盛放鸟巢"烟花产品是对国家体育场建筑作品的合理使用，不构成侵权。对此，法院认为，虽然《著作权法》第22条第1款第（10）项规定了合理使用的一种特定情形，但是首先，《著作权法》的该项规定明确将这种合理使用限定在"临摹、绘画、摄影、录像"四种方式内，而不包括这四种方式之外的其他使用方式，该案被告对于国家体育场设计的使用明显不属于上述使用方式。其次，合理使用制度的目的主要是保护公共利益，被告将原告建筑作品应用于烟花产品上，纯粹是基于商业目的，若将该行为视为合理使用亦不符合合理使用的立法目的。最后，在判断是否构成合理使用时，需要考虑该使用方式是否会影响到作品的价值或者潜在市场，亦即是否会影响权利人对该作品的正常使用。作品的正常使用，是指在一般情况下人们可能合理地预期到的作者利用其作品的各种方式，包括作者所预期的现实存在的作品使用方式和未来可能出现的作品使用方式。将建筑设计应用到其他产品上属于可以预见的使用方式，被告的行为直接影响到原告对其作品的二次商业化利用，会损害原告的利益。因此，该案被告对国家体育场建筑作品的使用行为，不属于《著作权法》第22条第1款第（10）项规定的合理使用的情形，被告浏阳熊猫公司的该项辩解主张不能成立。

综上所述，在没有证据证明征得原告许可的情况下，"盛放鸟巢"烟花产品的制造和销售侵犯了原告对国家体育场建筑作品享有的复制权、发行权。北京市中级人民法院最终判定，原告享有的国家体育场建筑作品的财产权益，依法应予保护。被告熊猫集团公司和被告浏阳熊猫公司制造、销售"盛放鸟巢"烟花产品的行为，构成对原告国家体育场建筑作品著作权的侵犯，应承担停止侵害、赔偿损失的民事责任；被告北京熊猫公司销售"盛放鸟巢"烟花产品的行为，亦构成对原告国家体育场建筑作品著作权的侵犯，应当承担停止侵权的法律责任。

另外还有一则建筑作品案件，涉及建筑物的外观著作权纠纷。南京国资绿地金融中心有限公司诉江苏紫峰绿洲酒店管理有限公司侵害著作权、商标权、不正当竞争纠纷案。

原告南京国资绿地金融中心有限公司（以下简称"国资绿地中心"）花费约40亿元建造紫峰大厦，并陆续申请了"紫峰""紫峰大厦"等注册商标，先后成立了紫峰购物广场、绿地洲际酒店两个分公司对紫峰大厦进行经营管理,紫峰品牌在南京地区已具有广泛影响和相当的声誉。国资绿地中心主张,紧邻其的被告江苏紫峰绿洲酒店管理有限公司(以下简称"紫峰绿洲公司")的企业名称中含有"紫峰绿洲"4个字,侵犯了其企业名称权和商标权;经营场所模仿紫峰大厦的建筑外观,侵犯了其建筑作品著作权;被告自称是"南京市标志性建筑""超五星级管理模式"构成虚假宣传;模仿紫峰大厦的装修设计,名称中使用"紫峰"的行为构成擅自使用知名商品特有的名称和包装装潢;被告一系列行为构成违反诚实信用原则的不正当竞争行为。请求判令紫峰绿洲公司立即停止在其门店招牌及广告宣传中使用"紫峰绿洲"字样;在其登载广告及招聘启事的报纸和网站上刊登声明消除影响;立即停止在企业名称中使用"紫峰绿洲"字样,并责令其限期到工商部门变更其企业名称;赔偿国资绿地中心经济损失10万元以及维权合理费用等。

原告国资绿地中心委托上海执天企业管理咨询有限公司对紫峰大厦、紫峰购物广场、绿地洲际酒店与被告经营场所紫峰绿洲国际会所的关联度进行调查,《市场调查报告》显示:(1)认为名称有关联的达52%,认为系同一公司的为41%;(2)建筑物外观53%的人认为相似,48%的人认为有关联,并有46%的人认为系同一公司;(3)从地理位置看,58%的人认为紧靠紫峰大厦会从中受益,57%的人认为有关联,并高达79%的人认为系同一公司;(4)对业务范围,45%认为非常相似,49%认为有关联,40%认为说不清楚是不是同一公司。最后的调查结论为4个比对对象之间在名称、外观、地理位置和经营业务方面关联度很高,超出60%的消费者认为是同一家公司,对消费者产生了很大的误导。

法院认为,经营者在市场交易中应当遵循自愿、平等、公平、诚实信用的原则,遵守公认的商业道德,不能损害其他经营者的合法权益,扰乱社会经济秩序和竞争秩序。由于不正当竞争行为侵害的是一种商业上的利益,而不限于权利,因此,必须通过公认的商业道德标准来判断当事人是否构成不正当竞争行为。原告的"紫峰大厦"和"紫峰"品牌在南京市享有很高的知名度。经过原告的策划构思和开发建设,"紫峰大厦"成为当时"江苏第一、中国第四、世界第七"的超高层建筑,并呈现深蓝色玻璃镜面和浅灰色墙砖组成的"蟠龙"造型,"紫峰大厦"以其特有的高度和外观为南京市的社会公众广泛知晓,成为南京市的地标性建筑。被告紫峰绿洲公司的经营场所在地理位置上紧邻"紫峰大厦",其在企业名称中使用"紫峰"和"绿洲"字样,经营场所的建筑外观与"紫峰大厦"具有相似之处,提供的服务消费层次和水平与国资绿地中心树立的"紫峰"品牌相一致,经营范围和消费群体部分重合,招牌中突出使用"紫峰绿洲国际会所"字样,其诸种行为方式具有攀附国资绿地中心商誉的主观意图,足以导致社会公众混淆和误认。

该案原告诉请保护多项权利,但对照我国现行的《著作权法》、《商标法》和《反不正当竞争法》中所规定的各种具体侵权行为种类,均难以直接认定紫峰绿洲公司侵权行为的性质。但综合所有被诉行为来看,可以认定紫峰绿洲公司具有明显攀附紫峰大厦商誉的故意,在企业名称、特别是招牌中使用"紫峰"字样具有不诚信、不正当性,且已对原告所具有的法律上值得保护的合法利益造成损害。因此,虽然紫峰绿洲公司的行为不属于我国《反不正当竞争法》第二章列举的不正当竞争行为,但根据我国《反不正当竞争法》第 2 条规定,法院认定紫峰绿洲公司的行为构成不正当竞争,判决:被告紫峰绿洲公司停止使用"紫峰"字号并到工商登记部门办理名称变更登记,赔偿原告国资绿地中心经济损失及合理费用 8 万元。

该案涉及"紫峰"这一南京著名地标性建筑的知识产权保护。目前法律对此类权益的知识产权保护并无明确规定,也无相应的在先案例可以援引。《反不正当竞争法》第 2 条规定:"经营者在市场交易中,应当遵循自愿、平等、公平、诚实信用的原则,遵守公认的商业道德。"该条款被称为反不正当竞争法的一般条款或原则性规定。在司法实践中,需要适用反不正当竞争法加以规制的行为,通常都是一些法律明确禁止的不正当竞争行为,法院一般不考虑扩大适用一般条款去界定市场竞争行为的性质,以防止司法对市场竞争的过度干预。但在该案中,法院认为可以根据《反不正当竞争法》的立法原义,充分考虑以下因素作出侵权判定：一是原告"紫峰"地标性建筑的知识产权权益的划定范围；二是被告的行为是否违背了《反不正当竞争法》的原则性规定，以及是否对公认的市场行为准则造成了严重破坏；三是被告的行为是否确实给原告造成了实际损害。基于以上考量因素，法院根据《反不正当竞争法》的一般条款对该案事实进行综合分析后直接作出构成不正当竞争行为的判定，从而有效遏制了侵权行为，也为在新类型案件中如何准确适用《反不正当竞争法》的一般条款积累了司法经验。同时该案权利人委托独立的第三方进行市场混淆性调查，对于审理同类商业标识性争议案件具有借鉴意义。

由以上对于建筑作品这一立体实物的模仿、复制的案例，3D打印作品也可以从中得到一定启示。3D打印立体作品将不仅涉及立体作品版权的判定，还可能涉及反不正当竞争等法律问题。

（三）3D打印技术中的立体作品

3D打印涉及的作品有哪些？将一个物品进行立体的复制，其中是否存在立体作品？

在整个3D打印过程中涉及的可能构成作品有：（1）3D扫描文件；（2）产品的设计图、设计数据；（3）产品本身的立体构造。

3D扫描文件是一种数字形式的文件，这种文件通过软件读出来是一种数字模型，从而能表现出产品的立体形态。产品的设计图、设计数据也通过一定的设计工作成为3D打印文件的一种。当3D打印完成后，其产品是否也构成一种立体的作品呢？

其实，关于立体作品，传统的版权法中也已经有所涉及。版权法意义上的作品是含有审美意义上的作品，而不是工业制造意义上的作品。3D打印中的扫描文件、产品设计图、设计数据资料文档，从传统的版权法来判定，也可以成为版权法里的作品。但这只是一般意义上的作品，是一种数字形式的文字作品、软件或数据库及其组合。

但是3D打印出来的产品（或者说是一种物品），是否为版权作品呢？

如以前述"西湖十景"形象造型构成立体作品所体现出来的法理

界限，即必须是属于艺术领域的智力成果，具有独创性、可复制性，方能构成立体作品，则 3D 打印的产品将会被分成两类。一类是可以构成立体作品的 3D 打印产品，比如设计形成的工艺品、雕塑作品；另一类则是可能不构成立体作品的 3D 打印产品，比如那些纯功能性的汽车零部件、自行车部件等。当然，令人犯难的产品也会出现，比如在有的产品门类上，既有功能性，又极具审美价值。例如，现在的苹果手机，除其通信功能之外，产品的工业设计水准也以客户审美价值为目标，具有极大的外观价值。又如，为苹果手机或其他手机设计的手机保护壳，功能是保护手机，防摔防划，但美观也是极为重要的一环。这种产品用 3D 打印出来，究竟归入立体作品还是非立体作品？这就容易引起争议或无法厘清。

这种以功能为主还是美观为主来区别，用于传统的作品与产品上，尚可以区分。但是用于 3D 打印技术带来的种种产品上则会陷入上述的模糊不清之中。

由此笔者认为，传统的立体作品的界定是无法简单适用于 3D 打印出的产品的。换句话，3D 打印产品无法用传统的立体作品来概括；也许有一部分 3D 打印的工艺品可以纳入传统的立体作品来保护，有一部分可以用拥有外观设计、实用新型甚至发明来保护，但是仍无法全面应对 3D 打印产品带来的挑战。

三、行为之辩：3D 打印是"复制"还是"制造"

对于 3D 打印技术来讲，这种 3D 打印的行为，是一种版权法里的"复制"行为还是更接近于专利法里所述的"制造"行为？从版权法的角度来看，3D 打印就是把平面的复制应用到了立体的三维复制行为上；从专利法的角度来看，3D 打印却又是一种生产制造的技术，尽管不同于传统的生产制造，但是打印出来的产品确实和生产出来的一模一样，这也可以说是一种生产制造。

究竟"复制"与"制造"之间有何相同或不同之处呢？首先，两种行为的方式相似、后果相同。行为方式都是一种复制。可以说，版权法里的复制即二维空间里的生产；专利法里的制造，也可看作是三维空间里的复制。其后果也都是复制或生产制造出了一批批复制品，或者称之为产品的东西。

其次，两者的不同之处在于两点。其一，行为的对象不同。复制，主要针对的是版权法意义上的作品，且以平面作品为主，少量扩展到平面到立体作品的复制。制造，则是专利法里的产品，是指一种三维的、有形的商品。其二，版权法意义上的复制，主要着眼于有艺术或美感的作品；而制造，则强调对象的用途及其工业化生产。例如，迪比特诉摩托罗拉著作权纠纷一案的情况。

原告迪比特公司诉称，其于1998年开始以定牌加工的方式为被告摩托罗拉公司加工生产MOTOROLA手机。双方曾约定，迪比特负责T189手机的内部设计、印刷线路板布图设计以及机械设计。后迪比特独立完成了相关设计，并于2001年4月，将其设计和生产的MOTOROLA T189手机投放市场。2002年4月，迪比特发现由摩托罗拉生产的MOTOROLA C289手机，擅自复制了迪比特的T189手机印刷线路板的布图设计。迪比特认为T189手机的印刷线路板布图设计是具有独创性并能以某种有形形式复制的智力创作成果，是受著作权法保护的工程技术作品和图形作品，从而认为被告摩托罗拉公司的行为构成侵权，要求赔偿9900万元损失。经技术鉴定，C289手机的印刷线路板实物与T189手机的印刷线路板布图设计的图纸相似。法院判决认为，印刷线路板属于具有实用功能的工业产品，超出了文学、艺术和科学作品的保护范围，因此不属于著作权法保护的客体。摩托罗拉公司按照印刷线路板设计图生产印刷线路板的行为，是生产工业产品的行为，而不属于著作权法意义上的复制行为。[1]

我国1991年《著作权法》第52条规定："本法所称的复制，指以印刷、复印、临摹、拓印、录音、录像、翻录、翻拍等方式将作品

---

[1] 潘家祥，张心全. 平面转换到立体的著作权问题探析——由两起案例引发的思考[EB/OL]. (2008-08-15) [2015-04-10]. http://service.law-star.com/cacnew/200808/190021742.htm.

制作一份或者多份的行为。按照工程设计、产品设计图纸及其说明进行施工、生产工业品，不属于本法所称的复制。"这其中明确地将按图进行加工生产工业品的行为视为不属于复制行为。

但是，令人有些模糊的修法出现了。2001年修正后的《著作权法》第10条第1款第（5）项仅规定："复制权，即以印刷、复印、拓印、录音、录像、翻录、翻拍等方式将作品制作一份或者多份的权利。"这样一来，从2001年新《著作权法》条文的字面意思来看，复制是否扩展到"平面到立体"的转换，扩展到按图加工生产工业品，并不十分明确。

由此，引起部分争议，可谓是仁者见仁、智者见智。对于这个问题，有的学者认为，旧法、新法的复制均不包括"平面到立体"之转换，如曾参与著作权立法的沈仁干先生所言："复制的含义有广义和狭义之分。广义的复制概念，包括复制平面作品和将平面作品制成立体作品，将立体作品制成平面作品。本法规定的复制是狭义的。"❶ 持此观点的还有郑成思等学者，他们认为，虽然国际上通常将"平面到立体"也视为复制，而我国没有引进这种概念，是基于国情所致，如目前给予太高水平的保护，将会导致许多工业领域的生产寸步难行。但是，也有学者认为，新法与旧法相反，新法既然删除了排除性规定，说明认可了按图施工属于复制范畴。如李明德等学者认为："至2001年修改《著作权法》，则删除了上述规定，从而可以解释为复制包括了对于作品的从平面到立体的复制。"❷ 这是从不同的法理、法律解释方法得出的不同结论。个人比较倾向于认为，既然法律已经对复制权作了明确的规定，则解释只能以修改后的字面意思来解释和理解，无法依据其删除了的规定来作解释，因为这将导致一定程度上的扩大解释。换句话讲，法律的解释首先得依据其字面意思即修改后的结果来解释，无法依据其修改过程中发生删除的内容来解释。

我们再来参考一下相关国际公约和外国的法律规定。《伯尔尼公

---

❶ 沈仁干. 著作权实用大全［M］. 南京：广西人民出版社，1998：186.
❷ 李明德，许超. 著作权法［M］. 北京：法律出版社，2003：88.

约》大概是版权法领域最重要的国际公约了,其中关于复制的规定对成员国具有深远的影响。该公约第 9 条第 1 款规定:"受本公约保护的文学艺术作品的作者,享有批准以任何方式和采取任何形式复制这些作品的专有权。""任何方式""任何形式"等开放性措辞,说明该公约对复制权给予极高程度的保护,对于复制的方式、形式没有任何限制。但是,基于现实的考量,上述规定在各国实践中一般被作出限缩性解释。

英国版权法第 17 条规定:"关系到艺术作品,复制包括对平面作品所进行的立体复制以及对立体作品所进行的平面复制。"1989 年美国加入了《伯尔尼公约》,为了与公约的规定达成一致,美国在 1990 年专门制定了《建筑艺术作品法》,以弥补过去不承认按建筑设计图建造建筑物构成复制的缺陷。❶ 从英美等国家的立法看,它们都在一定程度上认为对平面到立体的转换构成复制,但仔细考量会发现,该"复制"的适用外延被予以限定,或适用于艺术作品,或适用于建筑设计图,或在实践中加以适度限定。

在英美等国的司法实践中,法院通常认为,产品设计图虽然可享受版权保护,但根据设计图而生产出的产品却不能称为著作权法意义上的作品。

比如,纸上的衣服设计图案属于图形著作,而依照该图裁剪出来的衣服则不能获得版权保护,理由是相对于艺术上的创新来说,遮羞避寒方面的实用功能还是衣服最基本最常见的用途,衣服的艺术性不能脱离实用性而单独存在,这种理论现已被美国的判例多次验证和确立。❷ 同理,具有电路功能的印刷电路板不受版权法保护,因为考虑到电路板主要具有实用功能,而非艺术功能,❸ 因此依照电路设计图生成电路板的行为,不属于著作权法意义上的复制。但是,在美国的

---

❶ 陈诚,黄晓辉. 从立法视野看我国跨载体复制的司法保护[J]. 武汉理工大学学报(社会科学版),2007(1):20.

❷ 李响. 美国版权法:原则、案例及材料 [M]. 北京:中国政法大学出版社,2004:180.

❸ 肖志刚. 印刷线路板布图设计的保护模式[J]. 科技与法律,2007(1):50.

司法实践中，对于具有艺术功能的绘画，如按其平面图制作成立体实用物品时，只要该实用性物品之设计结合了绘画的艺术元素，就可以独立造型单独成为著作权保护对象，[1] 这也就是所谓的"分离检验标准"，即指该实用物品中所同时蕴含的艺术元素和实用元素必须能在实体上或概念上相互分离。

但是，在综合上述国际国内法律规定之后，3D 打印却还是给复制制造了一道难题。也许对于 3D 技术打印一些功能性的产品已经很明确了，就是一种生产制造行为；对于 3D 技术打印一些工艺美术作品，则可以称得上是"复制"。问题一下就出来了。第一，对于采用 3D 打印技术打印出既具有艺术审美价值又具有功能性的产品，到底是属于复制还是生产制造？在当今工业设计日益受到重视、客户对于产品的外观感受越来越重要和强调的时代，这种情形将日益普遍。这将有可能使得人们甚至法院在判断是否属于版权法意义上的"复制""立体作品"等问题上难以作出明确的判断。第二，更让人们困惑的是，如果同样都是 3D 打印出来的产品，有的因复制而受到保护，有的却无法纳入复制成为保护的对象，这样就会给法律的稳定与统一带来严重的危机。

四、主体之辩：企业与个人或家庭

3D 打印技术的大规模应用，带来了一个潜在而重要的影响，就是让原本属于企业才拥有的生产制造能力，忽然有了极大的可能走入每一个人的生活之中。这样一来，作为 3D 打印技术普遍化、家用化的后果，个人工厂可能遍地开花，个人的生产制造能力与传统的企业级生产制造能力不相上下，甚至在生产的个性化、设计的网络化、生产的快速响应方面超越了传统的生产企业。由此，生产制造在个人与企业之间的界限可能模糊起来，引发知识产权纠纷，尤其是传统上以

---

[1] 谢铭洋，张桂芳. 著作权案例汇编——美术著作篇 [EB/OL]. [2014–06–20]. http://www.tipo.gov.tw/copyright/copyright_book.

营利为目的作为知识产权侵权要件这种判断方式的一种危机。

这种危机或称为界限的模糊，就是对现行的知识产权制度提出一系列疑问，还需不需要再以营利为目的作为判断知识产权侵权的构成要件？再进一步，个人的3D生产制造行为是否构成了以营利为目的？如果个人仅为自己制造，或者制造后免费赠送给亲朋好友，这种行为的界限又将在何种程度上成为法律可以容忍的范围？

五、侵权之辩：盗版机器还是合理使用

（一）3D打印侵权的界限

这里我们将探讨，3D打印判定是否构成版权侵权的标准，或者说构成要件是什么？合法与非法的界限到底在哪里？

法律有时就是需要找到一个利益分割线并恰如其分地切一刀。这一刀切下去，合法与非法、侵权与非侵权都有了一个比较清晰的认知与界定。这种恰如其分，即正义的一种通俗说法。什么是正义？《查士丁尼法典》里说，正义就是给他所应得的东西。正义的面孔虽然千变万化，然而应得的东西却是恒定地摆在那里，只是人们认识或意识到的程度不同、时间不同罢了。3D打印技术会给版权的利益分配带来何种影响呢？人们可以或有权用3D打印技术打印出他们所需要的任何物品而不用担心侵犯版权吗？

我们先来看一则英国发生的例子。据媒体报道，英国一商家用3D打印机制作了英国某游戏公司出品的流行桌面游戏"战锤"中的人物实体模型，引发了权利人不满，游戏公司向该商家发出了停业"要求"，该报道引发国内外关注。这里，将游戏中的人物用3D打印技术制作模型出来，是否涉嫌侵犯该游戏公司的版权呢？

其中人物角色制作成模型，涉及游戏软件的著作权，以及角色的商品化权。

先谈著作权，其一，游戏公司对开发出的游戏一般都拥有版权；其二，商家用3D打印机制作之前，必然要通过设计、复制或模仿其

人物，取得相应的数据参数、人物角色的外观设计形态、人物的特点等，这种数字形式的表达，其实是对游戏公司软件里人物角色版权的一种数字形态的复制。

关于数字形态是否属于复制，如数字形态稳定的形成，则与传统的复制无异。甚至于数字形态的作品临时存在于网页、计算机内存中，即临时复制也有相当一部分学者认为是一种复制。在版权法意义上，所谓临时复制（Temporary Copy，亦称暂时复制），是指一项数字化作品从计算机外部首先进入该计算机随机储存器（Random Access Memory，RAM），并停留于此，最终因为计算机关机、重启、后续信息挤兑等原因消失于随机储存器的过程。临时复制是否应当被视为传统版权法意义上的复制，成为近年来版权界关注的热点。马远超认为，从研究临时复制与传统复制在质以及量两个层面上的不同与共性出发，应当承认临时复制为复制之一种，承认临时复制权为版权人的专有权；但是，反对将原本适用于"长久复制"的版权法体系简单地套用在"临时复制"身上，在承认非法临时复制为侵权的前提、在法律惩戒力度上应当有别于传统侵害复制权的力度，前者应当轻于后者。❶

（二）3D 打印合理使用

合理使用是著作权法中的一项重要制度，是指根据著作权法的规定，以一定方式使用作品可以不经著作权人的同意，也不向其支付报酬。在一般情况下，未经著作权人许可而使用其作品的，就构成侵权，但为了保护公共利益，对一些对著作权危害不大的行为，著作权法不视为侵权行为。这些行为在理论上被称为"合理使用"。

合理使用是版权法里的一个重要术语，也代表着一项重要的利益平衡机制。吴汉东教授在其博士论文《著作权合理使用制度》里即阐

---

❶ 马远超. 论"临时复制"的版权法定位 [EB/OL]. (2014 - 04 - 15) [2014 - 08 - 12]. http：//www. law - lib. com/lw/lw_view. asp? no = 25580.

明了合理使用重在使得权利人与社会公众利益之间达到一定的平衡状态。为何如此，版权作为一种私权可谓无处不在，如果将其权利绝对专有地行使于日常生活中的每一个人每一次可能发生的行为中，那么有时未免让守法行为无所适从。在某些特定的情形下，进行合理范围的少量复制行为是可以理解的、合情合理的，也是社会运行必需的。这可以说是合理使用制度的一种粗浅而原始的出发点。

合理使用制度的理论依据，当然首先是上面提到的利益平衡理论。目的是平衡作者与使用者、社会公众之间的利益，消除作品创作者、作品传播者、作品使用者之间的冲突。

另外，合理使用制度也是为了更好地保护社会公共利益。维护作者权益基础上利益的均衡，从而推动整个社会繁荣与文化进步。一部作品的出版，从严格意义上说，是人类智力劳动成果的结晶。它或多或少地受先人或同时代人思想的影响与启发。并非完全是作者个人或几个人的最新创造，是对前人研究成果的继承、利用和发展。权利和义务始终相辅相成、作品完全由个人垄断是不适宜的，著作权人的权利不是孤立的，是与社会发展紧密相关的，所以，著作权能按情理，亦不应当由著作权人永久而无限制独占。适当限制著作权人的权利能够协调社会利益与个人利益之间的关系。

同时，合理使用制度也是必需的，尤其是在当今信息网络时代，社会公众对各种信息的大量需求需要以一种合理的方式得以满足。

合理使用制度的主要特点有：其一，合理使用不必经著作权人许可也无须支付报酬。这区别于法定许可。法定许可不必经著作权人的许可，但是需要支付一定的报酬。其二，合理使用只能针对已经发表的作品。未发表的作品，不适用于合理使用。其三，合理使用所限制的是著作财产权，不涉及著作人身权，即使用时应当指明作者姓名、作品名称，并不得侵犯著作权人依法享有的其他权利。

3D打印中也涉及版权问题。仅就版权中的种种社会利益来说，哪些情况适用于合理使用？如果不能适用，则未来有无必要将某些情形纳入合理使用的范围呢？

现有的版权合理使用制度里，以中国《著作权法》为例，有如下事项纳入合理使用范围。我国《著作权法》第22条规定了12种合理使用的方式：

（1）为个人学习、研究或欣赏，使用他人已经发表的作品；

（2）为介绍、评论某一作品或者说明某一问题，在作品中适当引用他人已经发表的作品；

（3）为报道时事新闻，在报纸、期刊、广播电台、电视台等媒体中不可避免地再现或者引用已经发表的作品；

（4）报纸、期刊、广播电台、电视台刊登或者播放其他报纸、期刊、广播电台、电视台已经发表的时事性文章，但作者声明不许刊登、播放的除外；

（5）报纸、期刊、广播电台、电视台刊登或者播放在公众集会上发表的讲话，但作者声明不许刊登、播放的除外；

（6）为学校课堂教学或者科学研究，翻译或者少量复制已经发表的作品，供教学或者科研人员使用，但不得出版发行；

（7）国家机关为执行公务使用已经发表的作品；

（8）图书馆、档案馆、纪念馆、博物馆、美术馆等为陈列或者保存版本的需要，复制本馆收藏的作品；

（9）免费表演已经发表的作品；

（10）对设置或者陈列在室外公共场所的艺术作品进行临摹、绘画、摄影、录像；

（11）将已经发表的汉族文字翻译成少数民族文字在国内出版发行；

（12）将已经发表的作品改成盲文出版。以上规定适用于对出版者、表演者、录音录像制作者、广播电台电视台的权利的限制。

从上述规定来看，3D打印技术中可能涉及的有第（1）项、第（6）项、第（8）项。

针对第（1）项，"为个人学习、研究或欣赏，使用他人已经发表的作品"。如果个人为学习、研究或欣赏，使用他人设计的3D作品或者3D文件进行3D打印，是否符合这种情况呢？这是有可能符合的。但是值得探讨的是，这里由于传统的版权上的使用，是与生产制造相区分的。也就是说，使用他人设计的 3D 作品和文件可以，但是否就可以用来生产制造相应的产品，这尚有待商榷。

如果某人为了进行科学研究，进行少量的 3D 打印，是否符合第（6）项"为学校课堂教学或者科学研究，翻译或者少量复制已经发表的作品，供教学或者科研人员使用，但不得出版发行"的规定？这是有可能的。

如果图书馆、档案馆、纪念馆、博物馆、美术馆等为陈列或保存版本的需要，使用 3D 打印技术，复制本馆收藏的作品，可能适用于第（8）项的规定，成为一种合理使用行为。

但是，即便如此，3D 打印涉及著作权合理使用仍然处于空白之中。其一，如前所述，3D 打印中哪些属于立体作品的范围，尚存在争议。其二，可以使用 3D 打印文件后，是否使用包括了 3D 打印这种既是复制又是生产制造的行为？其三，还需结合传统的合理使用综合考虑因素或限制条件进行判定。

首先，根据使用作品的目的来判断各国立法中大致都将是否出于营利目的作为判断是否构成合理使用的标准。对合理使用非营利性的要求是出于对公平原则的考虑，如果允许使用者无偿利用他人享有著作权的作品而从中获利，对著作权人来讲当然是不公平的。其次，根据使用作品的性质来判断被使用作品的性质这一要素是从作品本身的角度对合理使用进行判断，使用何种性质的作品更容易被认定为是合理使用。在分析这一要素时，"立法者和法官无法创制一个合理使用的适当标准，而必须通过考察所有因素来评定其范围。"再次，根据使用作品的程度来判断使用作品的程度是指与享有著作权的作品的整体相比使用的数量和质量。最后，根据对被使用作品的市场影响来判断对被使用作品的市场影响被认为是判断合理使用最重要的一个要素，因为合理使用和侵权使用只有一步之遥，判断是合理使用还是侵权使用最终总要落脚在行为的结果上，合理使用并不是排除一切对著作权人造成损害的行为的发生，而是要将这种损害限制在一定范围内，超出这个范围的使用就应当是许可使用或者是法定许可，否则就是侵权行为。

3D打印的知识产权挑战与制度创新

美国的合理使用制度里称之为"Fair use"(合理使用、公平使用)。根据美国《1976年版权法案》(17 U.S.C. §107),合理使用有四项要素:其一,使用的原因及性质,包括属于商业性质还是非牟利教育性质;其二,版权作品的性质;其三,相对于整份版权作品,所使用的分量及比重;其四,使用后,对版权作品的潜在市场或价值的影响。❶ 并且,还具有一定的严格限制。首先,不得尝试"超越原作的目的",而应该用于教育或批评。并且,分量比重越小可能越合理,不过也需要考虑所使用部分的重要性,以免"超越原作"。另外,不得侵犯版权持有人利用原作得益(如不能代替原作出版),但通过批评或模仿原作则另作别论。

再来看美国具体针对各种作品的实践情况。简短地引用版权文字来描述论点、辅助说明、印证某概念或观点,都可能属于合理使用。引述的文字必须一字不漏转载,并清楚注明来源。一般来说,大量引用有版权的新闻材料(如报章或通讯社信息)、电影(或其他媒介的)对白或者任何其他版权文字,会被视为抄袭而不是合理使用。针对图画等视觉美术作品,必须用于辨识以及评论该作品或作者,例如辅助说明某绘画风格。甚至于针对软件屏幕截图,也一般只用于辨识以及评论该软件。可见美国合理使用制度限制较严,个人想要以合理使用来适用于3D打印,将会面临种种严格的限制和考量。

在计算机技术领域,合理使用经常被用于反向工程方面。根据商业秘密的相关法律规定,一般允许反向工程一个产品来确定该产品的工作原理。反向工程可能包含了分析电路板布图、剥离一个集成电路芯片或者反编译计算机软件。法院有时也认定,这些行为构成合理使用而非版权侵权。❷

但是在3D打印领域,3D扫描作为3D打印的一种反向工程,能否认为是合理使用?恐怕难以为大多数版权人所接受。笔者认为,3D

---

❶ 17 U.S.C. §107 - Limitations on exclusive rights: fair use [EB/OL]. [2015-02-20]. https://www.law.cornell.edu/uscode/text/17/107.

❷ 王鸿超. 美国版权法中的合理使用规则 [EB/OL]. (2011-08-18) [2014-05-15]. http://blog.sina.com.cn/s/blog_7128e4ff0100t3mc.html.

扫描与3D打印未来有哪些情况纳入合理使用，哪些成为版权侵权的范围，尚需版权法作进一步的适应性调整，甚至可能需要作更大的机制创新。至于具体何种机制创新，留待后面第七章是否需要创设一种新型的知识产权——比如3D打印权时来作进一步深入探讨。

第五章
3D 打印的专利法分析

一、3D 打印技术是否构成专利侵权

3D 打印引发的专利法问题似乎很简单，主要集中于 3D 打印技术在使用过程中是否构成专利侵权的问题。

这一问题其实可以分成两个略有区别的小问题来探讨。其一是 3D 打印技术本身的专利问题；其二是 3D 打印过程中，涉及打印对象的专利问题。

3D 打印技术本身涉及的专利问题，是指 3D 技术在运用过程中，涉及是否侵犯 3D 打印专利技术的问题。即专利侵权的对象是 3D 打印技术本身。

3D 打印过程中，涉及打印对象的专利问题，是指 3D 打印过程中，涉及是否侵犯 3D 打印对象的专利技术问题。即专利侵权的对象是 3D 打印所需的打印产品的专利。

为何需要作这样的区分呢？因为我们需要对这两个问题保持清醒的认识，作适当的区别，以免混为一谈。有的学者会在未经仔细考察的情况下，将 3D 打印技术本身的专利问题视为 3D 打印引发的专利问题的全部，这样就有可能以偏概全，或者陷入论证模糊不清的误区。

第五章　3D 打印的专利法分析

马忠法在《3D 打印中的知识产权问题》一文中❶，谈及 3D 打印专利，也略提及 3D 打印对象的专利问题，实因未能区分此两种情形，遂难免有含混不清的感觉。

（一）3D 打印技术本身涉及的专利问题

3D 打印技术本身自 20 世纪 70 年代诞生以来，就产生出无数专利技术。随着 3D 打印技术的不断发展和成熟，相关专利技术也日益增长。

相关的 3D 打印专利技术有很多种。到目前为止，3D 打印累积性的技术主要有：选择性激光烧结（SLS）、直接金属激光烧结（DMLS）、熔融沉积模式（FDM）、立体平版印刷（SLA）、数字光处理（DLP）、熔丝制造（FFF）、融化挤压模式（MEM）、复合层压实物制造（LOM）、电子束熔化成型（EBM）、选择性热烧结（SHS）和粉末层喷头（石膏）3D 打印等多种。这些技术大多已被申请并获得专利，因此如果有人出于商业目的使用这些技术，以 3D 打印机及其运作来实现，必然涉 3D 打印技术本身的一系列相关专利技术。个人通常无力制造一台供自己使用的家庭 3D 打印机，很多企业制造 3D 打印机则需事前获得 3D 相关专利许可，否则有侵权嫌疑。

3D 打印机的生产制造厂商在将 3D 打印机售出后，通常情况下，用户就获得了使用其所购买的 3D 打印机的权利，从而该 3D 打印机工作所必然涉及的 3D 打印专利的权利，犹如电视机本身含有众多专利技术，比如图像显示、声音音质提升、信息传递与控制等专利，用户在购买电视后，使用电视时必然要在其本机上使用技术。3D 打印技术亦是如此。意即 3D 打印机的制造商务必授权给用户使用其机器本身内含 3D 打印专利技术，用户得以使用才能实现购买目的。制造商的授权自然会有其功能、目的方面的种种限制，然而，由于 3D 打印机应用的特殊性，使用 3D 打印机相关专利问题又稍有复杂之处。

如果用户使用自己所购买的 3D 打印机，不仅供自己使用，也提

---

❶ 马忠法. 3D 打印中的知识产权问题［J］. 电子知识产权，2014（5）：30-38.

供给其他人使用，则情况又如何呢？这种情况甚至有可能成为3D打印机的使用常态而非例外。

购买3D打印机后，通过3D打印，向社会公众或不特定的人群提供3D打印服务，是否会侵犯3D打印机本身的专利呢？

这种情况有点类似于出租3D打印机本身。此种情况又可细分为公益服务和商业服务两种情形。

从2015年开始，美国华盛顿大学（University of Washington）的健康科学图书馆购进3D打印机，面向全校的教职工、学生提供3D打印的免费试用。此种服务先期定位于公益性的、面向大学内部的服务。后期因为机器维护成本、材料成本等原因，预计也将会酌情向教职工、大学生收取必要的成本费用。

该大学本身购买3D打印机的目的即是使用该打印机并提供给教职工、大学生使用。并且，因为美国华盛顿大学本身为公立大学，向社会公众开放又是其公立机构的内在要求，如同该校的图书馆因为大学为公立性质一样，该校图书馆里的图书服务需免费向社会公众开放。

大学在购买3D打印机时，即应从3D打印机制造公司获得一定范围的许可，或者构成一定的默示许可向学校内部人员提供3D打印的服务。但是能否向社会公众提供服务则可能会有争议。其一，是否超越了其许可服务的范围，扩大到向社会公众服务的更大范围？从公立大学本身的运行惯例来讲，大学没有问题，但如公司只许可其对大学内部提供服务，大学可否因自己的公立性质对外提供服务？其二，大学的收费服务是否成为以营利为目的的经营行为？由此，是否会构成对原来3D打印机制造商的专利侵犯呢？作为大学来讲，3D打印机需要专人进行维护，3D打印过程中也需要专用材料，需要专人进行操作，这些成本都成为其收取必要费用的合理基础与必然选择。那么收费后的服务就与传统的打字复印商的经营行为其实并无二致了。如果3D打印机公司只给予了用于个人或大学内部使用的许可，那么，大学图书馆将此种3D打印机对社会公众开放并进行有偿收费服务的行为是否需要承担一定法律责任呢？这就是一个可能引发争议的行为。

除了大学，也已经有一些个人或公司将购置来的3D打印机对外提供商业服务。个人专门购置3D打印机，对外提供3D打印的商业服务，成为一种新的商业模式。这种情况下，既涉及3D打印机本身的超许可范围的经营使用，还涉及对外商业服务中，可能存在的未经许可，非法3D打印生产其他受专利保护的产品的行为。

（二）3D打印对象的专利问题

3D打印的过程，既是一种复制过程，又是一种再生产、制造的过程。

由此，在3D打印过程中，就会面临着一个更为巨大而普遍的问题，那就是，当3D打印对象受专利保护时，人们有没有任意使用3D打印来打印专利产品的权利？这种行为是否会构成侵犯专利产品中的专利权？判定这种专利侵权或不侵权的法律边界又将划在哪里呢？

如果以现有的判定专利侵权中的"以营利为目的"为生产制造要件，则个人使用3D打印机生产制造受专利保护的产品，仅供个人使用则不会构成专利侵权。

但是，如果个人使用3D打印机生产制造受专利保护的产品，不仅用于个人使用，还用于出售或出租给他人使用，则将极有可能构成专利侵权。在这种情况下，提供受专利保护产品的3D文件的人、3D打印机的制造商、提供3D文件下载的平台、3D打印机的使用者有可能是同一人或不是同一人，他们又将各自承担什么样的专利侵权责任呢？3D打印机的提供者或使用者构成专利直接侵权的情况下，相应的提供受专利保护产品的3D文件的人也有可能构成共同侵权；而3D打印机的制造商、提供3D文件下载的平台也极有可能承担帮助侵权（或间接侵权）的法律责任。

但是，当3D打印成为大规模应用、普遍使用的日常用品时，这样的法律归责或者说法律侵权的边界划定就一定是合理的吗？也许并不一定。也许有一部分人希望更为严厉地打击这种未经许可的3D打印专利侵权行为；而另一部分人则希望能给人以更为宽松的法律环境，赋予人们自由进行3D打印的权利。

（三）专利与专利侵权的基础理论

在讨论3D打印的专利问题之前，有必要回顾专利及专利侵权的一些基础原理。

1. 专利（patent）

尽管从字面上讲，"专利"似乎是指专有的利益和权利，但其实"专利"一词来源于拉丁语"Litterae patentes"，意为公开的信件或公共文献，是中世纪的君主用来颁布某种特权的证明，后来指英国国王亲自签署的独占权利证书。所以，中文里的"专利"，其内在的真正含义远远超越了其字面上"专有权利"的意义，还应包括申请人根据自己作出的发明创造提出申请，国家授予、并予以公开的、申请人享有的专有权利。

专利权即指专利权人对发明创造享有的专利权，即国家依法在一定时期内授予发明创造者或者其权利继受者独占使用其发明创造的权利。专利的种类在不同的国家有不同规定，在我国《专利法》中规定有发明专利、实用新型专利和外观设计专利。部分发达国家中分类为发明专利和外观设计专利。

我国《专利法》第2条第2款对发明的定义是："发明是指对产品、方法或者其改进所提出的新的技术方案。"所谓产品是指工业上能够制造的各种新制品，包括有一定形状和结构的固体、液体、气体之类的物品。所谓方法是指对原料进行加工，制成各种产品的方法。发明专利并不要求它是经过实践证明可以直接应用于工业生产的技术成果，它可以是一项解决技术问题的方案或是一种构思，具有在工业上应用的可能性，但这也不能将这种技术方案或构思与单纯地提出课题、设想相混同，因单纯的课题、设想不具备工业上应用的可能性。发明针对产品、方法或者其改进所提出的新的技术方案，主要体现新颖性、创造性和实用性。取得专利的发明包括机器、仪器设备、用具等产品发明，还有制造方法等方法发明，这些在3D打印中都会有所涉及。

我国《专利法》第2条第3款对实用新型的定义是："实用新型

是指对产品的形状、构造或者其结合所提出的适于实用的新的技术方案。"同发明一样,实用新型保护的也是一个技术方案。但实用新型专利保护的范围较窄,它只保护有一定形状或结构的新产品,不保护方法以及没有固定形状的物质。实用新型的技术方案更注重实用性,其技术水平较发明而言,要低一些,多数国家实用新型专利保护的都是比较简单的、改进性的技术发明,可以称为"小发明"。

实用新型是指对产品的形状、构造或者其结合所提出的适于实用的新的技术方案,授予实用新型专利不需经过实质审查,手续比较简便,费用较低,因此,关于日用品、机械、电器等方面的有形产品的小发明,比较适用于申请实用新型专利。

我国《专利法》第2条第4款对外观设计的定义是:"外观设计是指对产品的形状、图案或其结合以及色彩与形状、图案的结合所作出的富有美感并适于工业应用的新设计。"并在《专利法》第23条对其授权条件进行了规定,"授予专利权的外观设计,应当不属于现有设计;也没有任何单位或者个人就同样的外观设计在申请日以前向国务院专利行政部门提出过申请,并记载在申请日以后公公告的专利文件中"。相对于以前的《专利法》,最新修改的《专利法》对外观设计的要求有所提高。

外观设计与发明、实用新型有着明显的区别,外观设计注重的是设计人对一项产品的外观所作出的富于艺术性、具有美感的创造,但这种具有艺术性的创造,不是单纯的工艺品,它必须具有能够为产业上所应用的实用性。外观设计专利实质上是保护美术思想的,而发明专利和实用新型专利保护的是技术思想;虽然外观设计和实用新型与产品的形状有关,但两者的目的却不相同,前者的目的在于使产品形状产生美感,而后者的目的在于使具有形态的产品能够解决某一技术问题。例如,一把雨伞,若它的形状、图案、色彩相当美观,那么应申请外观设计专利,如果雨伞的伞柄、伞骨、伞头结构设计精简合理,既可以节省材料又耐用,那么应申请实用新型专利。

外观设计是指对产品的形状、图案或者其结合以及色彩与形状、图案的结合所作出的富有美感并适于工业应用的新设计。外观设计专利的保护对象,是产品的装饰性或艺术性外表设计,这种设计可以是平面图案,也可以是立体造型,更常见的是这二者的结合。所以说,3D打印中最先想到的就是这样一个问题——3D打印是否侵权外观设计的问题。当然,由于3D打印往往还涉及产品的结构或构造,也会涉及实用新型和发明专利。

2. 专利侵权

欲讨论3D打印专利侵权,要先梳理一下一般的专利侵权的理论基础、侵权行为构成要件、侵权赔偿、侵权救济途径等。

专利权是专利权人利用其发明创造的独占权利。专利侵权是指未经专利权人许可,以生产经营为目的,实施了依法受保护的有效专利的违法行为。

3D打印的专利侵权行为分为直接侵权行为和间接侵权行为两类。直接侵权行为,这是指直接由行为人实施的侵犯他人专利权的行为。其表现形式包括:制造发明、实用新型、外观设计专利产品的行为;使用发明、实用新型专利产品的行为;许诺销售发明、实用新型专利产品的行为;销售发明、实用新型或外观设计专利产品的行为;进口发明、实用新型、外观设计专利产品的行为;使用专利方法以及使用、许诺销售、销售、进口依照该专利方法直接获得的产品的行为。

间接侵权行为,这是指行为人本身的行为并不直接构成对专利权的侵害,但实施了诱导、怂恿、教唆、帮助他人侵害专利权的行为。间接侵权行为通常是为直接侵权行为制造条件,常见的表现形式有:行为人销售专利产品的零部件、专门用于实施专利产品的模具或者用于实施专利方法的机械设备;行为人未经专利权人授权或者委托,擅自转让其专利技术的行为等。

一般民事侵权责任的构成要件通常包含四个方面:违法行为、损害结果、违法行为和损害结果之间有因果关系以及行为人主观有过错。

对于专利行为的侵权责任,其构成要件主要包括以下几个方面:

其一,侵犯的对象应当是在我国享有专利权的有效专利。首先,鉴于专利权的地域性，有效专利一般应当是指获得国家知识产权局授权的专利。其次，鉴于专利权的时效性，只有在规定保护期内未因缴费、无效宣告、放弃等原因失效的专利权才是有效专利。需要注意的是，如果一项专利权由于某些原因被宣告无效，则该专利权将被视为自始不存在，因此即使有他人在前已经实施也不构成专利侵权。

其二，有违法行为存在。即行为人未经专利权人许可，有以营利为目的实施专利的行为，行为人在客观上实施了侵害他人专利的行为，并以生产经营为目的。非生产经营目的的实施，不构成侵权。

需要注意的是，《专利法》第69条规定了5种不认为是侵权的行为，是专利侵权责任的例外规定，如果行为人不能举证以此作为抗辩理由，则应当认定行为人构成专利侵权，并依法承担责任。

具体包括如下情形：

（1）专利产品或者依照专利方法直接获得的产品，由专利权人或者经其许可的单位、个人售出后，使用、许诺销售、销售、进口该产品的；

（2）在专利申请日前已经制造相同产品、使用相同方法或者已经做好制造、使用的必要准备，并且仅在原有范围内继续制造、使用的；

（3）临时通过中国领陆、领水、领空的外国运输工具，依照其所属国同中国签订的协议或者共同参加的国际条约，或者依照互惠原则，为运输工具自身需要而在其装置和设备中使用有关专利的；

（4）专为科学研究和实验而使用有关专利的；

（5）为提供行政审批所需要的信息，制造、使用、进口专利药品或者专利医疗器械的，以及专门为其制造、进口专利药品或者专利医疗器械的。

《专利法》第70条规定："为生产经营目的使用或者销售不知道是未经专利权人许可而制造并售出的专利产品、许诺销售，能证明其产品合法来源的，不承担赔偿责任。"但是这种情况也仅仅是不承担赔偿责任，还是要在知悉时即停止侵权行为的。

其三，行为人主观上有过错。侵权人主观上的过错包括故意和过失。所谓故意是指行为人明知自己的行为是侵犯他人专利权的行为而实施该行为；所谓过失是指行为人因疏忽或过于自信而实施了侵犯他人专利权的行为。但也有例外，有时即使行为人主观无过错，也构成专利侵权，只是不承担赔偿责任罢了。

其四，应以生产经营为目的。《专利法》第11条规定：发明创造被授予专利权后，除本法另有规定外，任何人不得实施其专利，而实施即是不得以生产经营为目的。因此，以生产经营为目的也应是判断专利侵权的构成要件之一。

对于行为人是否具有主观故意的问题，其实主观故意是一种难以判定的状态。中国未来新的《专利法》将极有可能加大故意侵权的惩罚，即赔偿额将可能修订为正常许可使用费或一般赔偿额的1~3倍。这里面，有借鉴美国专利侵权诉讼中，将故意侵权进行三倍赔偿的立法例。如何判定是故意还是无意？作为美国专利实践，主要的做法是，专利权人发现侵权后，即通过发律师函的方式，告诉潜在的侵权方，要求立即停止侵权，否则从收到律师函时起，潜在的侵权方便可能在随后的侵权诉讼中被法院判定为明知道侵权还继续进行，从而极有可能构成故意侵权，付出3倍赔偿的代价。在此种情况下，潜在的侵权方就只能面临几种选择，一是无视专利权人的警告，则有可能将来承担故意侵权的高额赔偿风险；二是同样聘请技术、法律专家进行分析，出具不构成专利侵权的法律意见书；三是与专利权人进行许可谈判或者其他方式妥善处理。这样一来，专利权人通过小小的一封律师函，便可以引起潜在专利侵权者的极大重视，从而发挥其避免专利侵权的制度潜在保护效用。

构成专利侵权的实质要件，也就是技术条件，实质实施行为是否属于专利的保护范围。如果3D打印的产品所涉及的技术特征属于专利权的保护范围，那么该行为人就构成了专利侵权。主要有以下几种表现形式：其一，行为人所涉及的技术特征与专利的技术特征全部相同，则构成侵权；其二，行为人所涉及的技术特征多于专利的技术特征，也构成侵权；其三，行为人所涉及的技术特征与专利的技术特征有相同的，有相异的，但是，相异的技术特征与专利的技术特征是等效的，仍构成侵权；否则，不构成侵权。这里技术特征等效，是指所属技术领域的普通技术人员能够推断出某两种技术特征彼此替换后所产生的效果相同。

在3D打印构成专利侵权的情况下，根据法律的规定，行为人也将要承担以下法律责任，包括民事责任、行政责任与刑事责任。

(1) 民事责任

停止侵权。专利侵权行为人应当根据管理专利工作部门的处理决定或者人民法院的裁判，立即停止正在实施的专利侵权行为。

赔偿损失。侵犯专利权的赔偿数额，按照专利权人因被侵权所受到的损失或者侵权人获得的利益确定；被侵权人所受到的损失或侵权人获得的利益难以确定的，可以参照该专利许可使用费的倍数合理确定。

消除影响。在侵权行为人实施侵权行为给专利产品在市场上的商誉造成损害时，侵权行为人就应当采用适当的方式承担消除影响的法律责任，承认自己的侵权行为，以达到消除对专利产品造成的不良影响。

(2) 行政责任

对专利侵权行为，管理专利工作的部门有权责令侵权行为人停止侵权行为、责令改正、罚款等，管理专利工作的部门应当事人的请求，还可以就侵犯专利权的赔偿数额进行调解。

(3) 刑事责任

依照《专利法》和《刑法》的规定，假冒他人专利，情节严重的，应对直接责任人员追究刑事责任。用3D打印出来的他人拥有专利的产品是否构成假冒专利？随后我们也将予以讨论。

二、3D打印与传统三种类型的专利

(一) 3D打印与外观设计

根据我国的专利分类，专利有发明、实用新型和外观设计三种。其中，与3D打印关系较为密切的就是外观设计了。

从3D打印对象所涉及的专利来看，3D打印由于采用增材制造，其制造的结果，在绝大多数产品来看，首先就是产品外观设计上的一模一样。这种一模一样的结果，就会涉及是否侵犯外观设计的问题。

中国《专利法》第2条规定："外观设计，是指对产品的形状、图案或者其结合以及色彩与形状、图案的结合所作出的富有美感并适于工业应用的新设计。"可见，外观设计专利应当符合以下要求：其一是指形状、图案、色彩或者其结合的设计；其二，必须是对产品的外表所作的设计；其三，必须富有美感；其四，必须是适于工业上的应用。通常，可以构成外观设计的组合：产品的形状；产品的图案；产品的形状和图案；产品的形状和色彩；产品的图案和色彩；产品的形状、图案和色彩。产品外观形状是指对产品造型的设计，也就是指产品外部的点、线、面的移动、变化、组合而呈现的外表轮廓，即对产品的结构、外形等同时进行设计、制造的结果。产品外观图案是指由任何线条、文字、符号、色块的排列或组合而在产品的表面构成的图形。产品的外观图案应当是固定、可见的，而不应是时有时无的或需要在特定的条件下才能看见的。产品的色彩是指用于产品上的颜色或者颜色的组合，制造该产品所用材料的本色不是外观设计的色彩。产品的色彩不能独立构成外观设计，除非产品色彩变化的本身已形成一种图案。

我国将外观设计作为专利来保护，美国及欧洲则是将发明称为专利，外观设计单列。欧洲，特别是英国，外观设计的注册与保护都有一个单独的机构来负责。英国的外观设计，分为注册外观设计和未注册外观设计。所以，在3D打印的外观设计问题上，就会涉及一个普通的3D打印也有可能侵犯到注册甚至是未注册的外观设计。

中国的情形相对比较简单，既然只有通过专利申请才能得到外观设计的保护，那么未曾进行专利申请的（未注册）外观则无法受到专利权的法律保护。未进行专利申请或被无效后的外观设计，只能通过版权或商标等其他知识产权形式进行保护了。

对实用新型和外观设计专利，我国实行初步审查制，也就是初审合格即授权发专利证书，没有经过发明专利的实质审查程序。所说的实质审查程序,是指审查委员会检索全球与申请专利相关的专利文献,来评价申请专利是否具备授权条件的一个审查程序,实用新型和外观专利由于没有经过这个程序,因此相对于发明专利来说,缺乏一定的稳定性。

获得实用新型或外观专利证书后,专利权人如果要起诉他人,法院或知识产权局会要求专利权人补办一个"专利权评价报告",这个"专利权评价报告"由国家知识产权局出具,相当于发明专利的实质审查程序,其会对专利是否具备新颖性、创造性以及是否符合《专利法》规定的授权条件进行全面的分析和评价。

尽管现在还没有出现或大量出现3D打印产品侵犯外观设计专利权的案例,但是可以预想在未来,此类案例将难免发生。一个公司用3D制作的产品,如何判定其是否侵犯他人的外观设计专利权,我们可以参考目前已有的外观设计专利侵权案件来观察。

以下是北京市知识产权局处理的有关一种"瞳距仪"外观设计的专利侵权案。

北京某视光科技公司(以下简称"北京公司")在北京某商场三楼个体经营者朱某处购得NJ型瞳距仪,该"瞳距仪"生产厂商为芜湖市某光学仪器厂(以下简称"芜湖仪器厂")。专利权人认为该瞳距仪外观与其外观设计专利近似,朱某销售NJ型瞳距仪的行为以及芜湖仪器厂制造NJ型瞳距仪的行为侵犯了其"瞳距仪"的外观设计专利权,请求北京市知识产权局对此侵权行为进行处理。

在这个案件中,两被请求人朱某及芜湖仪器厂均放弃了答辩的权利。

北京市知识产权局在处理过程中审理查明,北京公司是"瞳距仪"外观设计专利的专利权人,专利申请日为2005年6月,授权公告日为2006年6月,外观设计专利公告文件中印有主视图、后视图、俯视图、仰视图、立体图1、立体图2。视图显示出"瞳距仪"外观设计主体造型为半椭圆形,长方形液晶显示屏设置在正面面板的上方,正面面板上对称设置有滑动键、圆形旋转钮,底端设有一半球体。外观设计专利的设计要点为整体结构弧度曲线的造型。该专利至今有效。

2009年8月,请求人在北京某商场三楼的个体经营者朱某处购得芜湖仪器厂生产的NJ型瞳距仪一个。该产品主体造型为半椭圆形,长方形液晶显示屏设置在正面面板的上方,正面面板上对称设置有按键,底端设置有一半球状体。

以上事实有外观设计专利证书、外观设计专利公告文件、国家知识产权局专利收费收据、北京某商场销货清单、北京眼镜城市场开具的销售发票、NJ型瞳距仪产品及说明书在案佐证。

北京市知识产权局认为,被请求人朱某、芜湖仪器厂构成侵权,并作出责令朱某停止销售、芜湖仪器厂停止生产涉案瞳距仪的决定。❶

在判定外观设计是否侵权问题上要考虑三个方面的内容:第一,专利权的保护范围;第二,被诉侵权产品与外观设计产品是否属于相同或相近种类产品;第三,要以一般消费者的知识水平和认知能力,根据授权外观设计、被诉侵权设计的设计特征,以外观设计的整体视觉效果进行综合判断,判断侵权产品与授权外观设计专利产品是否相同或近似。

如何认定被控侵权产品与外观设计专利产品是否属于相同或相近种类产品?《最高人民法院关于审理侵犯专利权纠纷案件应用法律若干问题的解释》(以下称《解释》)第9条提供了根据产品用途认定产品种类的路径。该条规定,"人民法院应当根据外观设计产品的用途,认定产品种类是否相同或相近。确定产品的用途,可以参考外观设计的简要说明、国际外观设计分类表、产品的功能以及产品销售、实际使用的情况等因素"。

该案中芜湖光学仪器厂生产、个体经营者朱某销售的NJ型瞳距仪与北京公司外观设计专利产品"瞳距仪"都是在验光配镜过程中用于测量人眼两瞳孔之间距离的一种测量仪器,两者属于同类产品。

关于相同或近似的认定应以一般消费者为判断标准。此点与发明、实用新型专利侵权略有不同。《解释》第10条规定:"人民法院

---

❶ 侵犯知识产权案例分析:外观设计专利侵权的判定方法 [EB/OL]. (2016-09-28) [2016-10-12]. http://blog.sina.com.cn/s/blog_14a47c7720102wkw9.html.

应当以外观设计专利产品的一般消费者的知识水平和认知能力,判断外观设计是否相同或者近似。"

该案中被请求人芜湖仪器厂制造、个体经营者朱某销售的 NJ 型瞳距仪与请求人涉案外观设计专利相比,仅在于正面面板上设置的按键位置与形状有差别,其余部分特别是专利权人在专利文件中所强调的整体结构弧度曲线的造型与涉案外观设计专利相同。按照"整体观察""综合判断"的标准应当认定被请求人芜湖仪器厂制造、个体经营者朱某销售的 NJ 型瞳距仪与请求人的涉案外观设计专利近似。

此案可作为 3D 打印可能侵犯外观设计专利的前车之鉴。3D 外观设计产品通过不同于同类产品且富有美感的外观吸引消费者的注意,获得市场利益的回报。因此,关于侵权诉讼中外观设计近似性的判断,应当基于一般消费者的知识水平和认知能力进行判断。《解释》第 10 条所称的"一般消费者",可以理解为该产品面向的消费人群,是多数购买或使用该产品的人,而非指该产品的专业设计人员。在外观设计专利侵权判定过程中,还需要注意"整体观察"和"综合判断"原则的运用。《解释》在第 11 条中提出"整体观察"和"综合判断"两个原则。在进行"整体观察"时,应排除主要由技术功能决定的设计特征以及对整体视觉效果不产生影响的产品的材料、内部结构等特征,即对于外观设计的全部设计特征,都应予考虑。对"综合判断"的考虑因素则提出了产品正常使用时容易被直接观察到的部位相对于其他部位,授权外观设计区别于现有设计的设计特征相对于授权外观设计的其他设计特征的两个优选条件。鉴于我国外观设计专利未经过实质审查,外观设计的简要说明对设计要点的描述,可以作为判断创新部分的参考。对一般消费者而言,整体视觉效果无差异的,应认定外观设计相同;无实质性差异的,应认定外观设计相似。

(二)3D 打印与发明、实用新型

3D 打印涉及发明和实用新型专利侵权主要分为两个方面:一是产品专利方面,涉及产品形状、构造的专利;二是方法专利。

产品结构设计是针对产品内部结构、机械部分的设计;一个好产

品首先要实用。因此，产品设计首先是功能，其次才是形状。产品实现其各项功能完全取决于一个优秀的结构设计。设计者既要构想一系列关联零件来实现各项功能，又要考虑产品结构紧凑、外形美观；既要安全耐用、性能优良，又要易于制造、降低成本。所以说，结构设计师应具有全方位和多目标的空间想象力，并具有跨领域的协调整合能力。根据各种要求与限制条件寻求对立中的统一。

产品结构设计是将设计思想具体化的过程，受诸多因素的影响。主要从材料、工艺、环保等方面考虑产品设计过程中的结构问题。产品结构要考虑材料因素。构成产品的物质是材料，材料在用力的作用下维持一定形态的是结构，而材料因素的影响很多都体现在外部结构上。不同的材料其特性各异，促使人们在长期的社会实践中学会了用不同的结构连接和组合它们。因此不少新的结构正是伴随着人们对材料特征的逐步认识和不断加以应用才发展起来的。连接结构创新带来的产品创新。在产品形态所表现出的美感要素中，产品结构形式的新颖与独特占有十分重要的位置。因此，结构创新往往可以带来外观造型上的创新，特别是连接结构的复杂多样，决定了产品的创新性。

从3D打印技术本身来讲，其增材制造方法相对于传统的减材制造方法来讲是一种具有一定开创性的发明。其新技术方案所依据的基本原理与已有技术有质的不同，又可称得上是一种基本技术发明。如蒸汽机技术的发明开创了热能向机械能的转化，在基本原理上区别于仅有机械能转化的简单机械。立足于电磁感应原理的电力技术的发明开创了电能与机械能的相互转化。从利用链式核反应原理到利用核聚变反应原理，可取得开创性的核技术发明。近代和现代的开创性技术发明大都以科学原理的突破为条件，自觉地应用新的科学原理来解决技术问题。科学上的许多重大突破，将会导致技术上的开创性发明。3D打印技术结合网络技术、材料技术的发展，将会有更大的突破。

在3D打印技术不断发展过程中，3D打印对象涉及发明、实用新型专利的，也很容易出现侵犯他人发明专利、实用新型专利的情况。

3D打印中侵犯发明专利、实用新型的侵权认定原则、适应法律目前还与传统的专利侵权相同，但是具有以下一些新的特点或问题。

其一，由于3D打印机的广泛使用以及进入个人或家庭进行使用，使得个人或家庭，为个人目的，或者为经营目的进行传统专利产品制造，此种情况是否构成侵权？是否还需要坚守以营利为目的的构成要件？

其二，使用3D打印机对专利产品的一部分零部件进行生产制造。这种情况是否构成专利侵权？

下面将分别探讨。

三、3D打印专利侵权判定中是否还须以营利为目的

3D打印专利侵权判定中一个突出的问题就是——是否还须以营利为目的作为构成要件。

专利制度对专利权的取得和行使有多种限制，其中不视为侵犯专利权的例外便是从豁免行为人的角度对专利权作出限制。我国《专利法》第69条规定了5项不视为专利侵权行为的情形，其中，科学研究例外虽然并不包含个人非生产经营性质的使用，但是在实践中，后者一般也被视为例外之一，这一结果从我国《专利法》第11条中也能够反向推断出来。出于个人爱好和需要使用有关专利的行为，一般被视为不以生产经营为目的，因此不属于侵权。类似的条款并不存在于美国专利法里，在美国专利制度中，即使不以生产经营为目的，个人使用专利技术的行为仍然被视为侵犯专利权。不过早在19世纪的美国判例法中，法院在针对专利权的范围时就表示："若仅为满足一种哲学尝试或好奇心，或仅为娱乐目的实施专利，不属侵权行为。"[1] 英国专利法则与我国相似，即私人的、不具有营业性质的行为，不被视为侵权。

如果按照中国现有的专利法体系，个人使用3D打印技术，不以营利为目的进行3D打印，哪怕是获得专利的产品，也极有可能不构成侵权。但在3D打印时代，这样的行为为采取3D打印大量个人生产制造，为赠送他人或自己使用打开了绿灯，将极有可能严重影响到专

---

[1] Poppenhusen v. Falke, 19F. Cas. 1048 (S. D. N. Y. 1861).

利权人原来应有的利益。因此，现有专利制度里，3D 打印专利侵权仍以营利为目的作为构成要件之一，但未来何去何从尚无定论，可能还需对专利法适用 3D 打印进行调整。

四、3D 打印与制造、修理、更换

用 3D 打印技术制造出自己所需的零部件，用于机器设备的制造、修理和更换，将会是一种常见的方式。在这种方式中，是否会产生专利侵权的问题？

即使审视传统上的此类专利侵权案例，也是一个极具争议的话题。行为人如果因为需要修理一件受专利保护的物品而自行配置零部件，其行为是否构成专利侵权行为中的"制造"，是一个尚未被清晰界定的问题，这一问题也将在 3D 打印技术的影响下被扩大。基于 3D 打印的技术特点，无论是未来 3D 打印机的用户们利用此项技术来打印一些专利产品和器械的零部件，还是一些个人将打印出的零件或是零件的参数、图形放在网上贩卖，显然都是很平常的。对一件专利产品的零部件进行替换和修复，使得整件产品能够焕然一新并正常运转，其行为在具有"修复"性质的同时，也不乏"重生"的意味。因此，如何在"修复"和"重造"之间作出正确清晰的界定，是现行专利制度中亟须补强的一环。

有人或许认为当专利产品的一部分被使用者购买后，使用者就可以有权用自己的方式进行修理、更换或制造出零部件来使用在整机上。这是因为专利权人的权利已经用尽。根据《专利法》，专利产品一经转让或使用，就构成"实施"。但是，如果每次转辗流通都要经过专利权人的同意，专利产品的流通就将受到过度妨碍，这是应当承认专利权用尽的积极理由。另外，由于专利权人在将专利产品第一次投放市场的时候，通过对专利发明的市场利用，就拥有了获取利润的机会，因此在这个时候如果也考虑到产品以后的流通，就足以事先确保足够的利润，这是承认专利权用尽的消极理由。因而，专利权人或其被许可人在国内制造、销售的专利产品投放市场后，专利权就已经通过使用而消尽，自此之后对专利产品的转辗流通专利权人就不能再行使专利权。这就是所谓的专利权用尽理论。

《北京高院关于'专利侵权判定若干问题的意见（试行）'的通知》（京高法发〔2001〕229号）中的信息可资参考。其第95条规定："专利权用尽。专利权人制造或者经专利权人许可制造的专利产品售出后，使用或者再销售该产品的行为，不视为侵犯专利权。包括：（1）专利权人制造的专利产品部件售出后，使用并销售该部件的行为，应当认为是得到了专利权人的默许；（2）制造方法专利的专利权人制造或者允许他人制造了专门用于实施其专利方法的设备售出后，使用该设备实施该制造方法专利的行为。"❶

但是，即使按照用尽理论，也不至达到容许对专利产品进行"生产"的地步。随着对购入的专利产品进行修理或内部结构修缮行为的增加，以致达到了可以认定为专利产品的再造的地步，一旦允许这样的行为存在的话，专利权人专利产品销售市场的需要就将被剥夺，基于这个原因，专利权人在第一次将专利产品投放市场的时候，就不得不考虑此种行为所带来的后果。这样，考虑到不经常使用专利产品等原因，不管是否允许此种行为存在，对于使用次数少的人来说，对价就会变得过高，结果将导致一部分人购买专利产品时犹豫不决。此种情况的出现，将与权利用尽理论促进专利产品流通的根本宗旨背道而驰。因而，从一般角度来说，超过用尽理论范围的使用、构成"再造"的行为，已经变成了用尽范围外的行为，原则上应当理解为未经专利权人许可、应当承担专利侵权责任的行为。

在决定是否构成实质性的再造的时候，存在两种观点，即是以权利要求记载的专利发明作为标准进行判断，还是以专利权人第一次投放市场的产品作为标准进行判断。作为在用尽范围内的生产因而不构成专利权侵害，还是作为用尽范围外的生产因而构成侵害，都应该以

---

❶ 北京市高级人民法院关于《专利侵权判定若干问题的意见（试行）》的通知 [EB/OL]. (2013 – 04 – 21) [2015 – 04 – 23]. http：//www.110.com/ziliao/article_317465.html.

117

权利要求的记载为准。但是在这种情况下，是否属于权利要求范围内的技术思想的本质部分的再现并不是问题，超过按照权利要求的构成要件所界定的物的绝大部分进行的修理、零部件的更换行为才应当作为用尽范围外的行为处理，不符合这种程度的修理和零部件的更换行为，应当作为用尽理论适用范围内的使用行为对待，不构成专利权侵权。

产品的"要害部分""重要部分""主要部位""主要部分""主要零部件"等的更换行为，构成用尽范围外的专利权侵权行为。产品的"重要部分""主要的构成部分"的意思，如果在表明权利要求记载的产品中的比率的限度内来进行理解的话，可以认为具有一定道理。

专利产品的转手购买者或在专利权被转让的情况下，在理解权利行使对象外的用尽理论的适用范围时，都应当一律以权利要求记载的物作为标准进行判断。在零部件占住权利要求范围内的产品的绝大部分的情况下，零部件的更换行为，将构成专利侵权行为。

考虑到零部件磨损后进行更换是很正常的事情，而磨损不是故障，零部件的更换就不能理所当然地称之为修理。

在消耗品只是占住产品中权利要求范围内的物的一部分的情况下，更换行为就是用尽范围内的行为（也就是很多学说认为的"非生产"），不构成专利权的侵害。即使应当判断为用尽范围外的再度生产行为，也必须考虑是否存在默示许可因而不构成侵权的情况。在这种情况下，修理或更换的部分在投放市场的产品中实际上占有的比率、专利权人和购入者的实际情况应当加以考虑。特别是对于消耗品的更换行为，应当主要考察默示许可法理适用的情形。

我们来看一则典型的案例，日本佳能公司诉 RA 公司案。

日本佳能公司生产销售 BCI-3e 喷墨墨盒，中国境内某企业在世界范围内收集这些墨水用尽的墨盒，将它们重新灌墨制成再生墨盒并出口到日本，由 RA 公司（即 Recycle·Assist 公司）销售。2004 年 4 月，佳能公司以 RA 公司进口、销售的再生墨盒侵犯其 JP3278410 号日本专利为由提起诉讼。JP3278410 号专利的独立权利要求有两个：

一个是产品权利要求 1，一个是方法权利要求 10。产品权利要求的主要技术特征为要素 H 与 K，要素 H 为"所述压接部界面的毛管力比第 1 及第 2 负压发生构件的毛管力高"；要素 K 为"向负压发生构件收纳室填充无论墨盒如何放置整个压接部界面可以保持一定量的液体"。一审法院认为灌墨不属于新的生产，专利权用尽，权利人不能主张权利。佳能公司不服一审判决，向日本知识产权高等法院提出上诉。二审高等法院认为，专利权不用尽有两种类型：第一种是专利产品寿命终结后再使用它，属于专利权不用尽；第二种是更换或修理专利产品的本质部分，使它再延续它的生命，这属于专利权不用尽。该案承认墨盒仍然有使用寿命，法院认为该案属于第二种专利权不用尽的类型——"修理或更换了本质部分"，即再灌墨恢复了要素 H 和 K。二审高等法院同时认为被控侵权物侵犯了方法权利要求。因此，该法院判决 RA 公司侵犯了佳能公司的专利权。❶

美国法院在司法实践中也遇到了大量涉及修理与再造区分的案件。更换机器中损坏的部件以恢复机器原有性能的行为属于修理。美国最高法院在 1850 年审理了 Wilson v. Simpson "刨床案"。原告的专利产品是一种刨床，该刨床由不单独受专利保护的部件如齿轮、轴、刀片等部分组成，其中刀片几个月就不能用了。被告是刨床的使用人，在刀片用钝后，被告从第三人处购买了这种刀片以更换用旧的刀片。原告认为，当刀片报废后，专利产品从物质上来说已经不存在了。如果更换一个刀片，就是制造了整个专利产品，构成侵权。美国最高法院认为，"根据本案的证据，这种刨床可以使用几年，而刀片每 60 天到 90 天就需要更换一次。在购买者购买刨床时，更换刀片的权利就转移给了顾客，否则，顾客购买这种刨床是没有用的。法院不认为被告更换刀片的行为违反了法律，或侵犯了原告的专利权。"法院指出，即使一个部件损坏而使整个机器不能使用，也并不能说机器"不存在"了，而更换损坏的部件以恢复机器原有的使用性能是法律允许的修理行为。最后，法院认定被告的行为是修理，不侵犯原告的

---

❶ 超青. 再生墨盒是否构成专利侵权？[N]. 中国知识产权报，2006-06-21 (7).

专利权。笔者认为，在该案例中，顾客购买了刨床，就取得了对该产品进行使用的权利。当刀片损坏时，被告更换破损的部件，这是为了继续使用刨床而对其进行维修的行为，该行为与重新制造刨床的行为明显不同。因此，被告的行为是修理，不侵犯原告的专利权。后来，在1961年的 Aro Manufacturing Co. v. Convertible Top Replacement Co. "帆布车顶案"中，美国最高法院也采取了这一观点。在该案中，权利人享有一项汽车可折叠顶部的组合性专利，由金属支架和纺织物（均为非专利产品）构成。当纺织物破损后，金属支架依然可用，因为有人提供纺织物以供更换。美国最高法院裁定，更换可折叠顶部的纺织物是修理整个顶盖，而不是重新制造；制造和销售可替换的纺织物不构成侵权。❶

在修理过程中允许对原产品中不成熟的技术进行改造。美国联邦巡回上诉法院于1997年审理了"打印机墨盒案"（Hewlett – Packard Co. v. Repeat – O – Type Stencil Mfg. Corp.）。在该案中，专利权人惠普公司拥有关于喷墨打印机的专利，主要包括墨盒及墨盒内的部件。惠普公司生产和销售了不可重新灌注的墨盒，并在墨盒上标明"立即扔掉旧的墨盒"。被告购买了惠普公司的新墨盒并将其改造为可重新灌注的墨盒进行销售。惠普公司对被告提起诉讼。美国联邦巡回上诉法院认为，当惠普公司在没有限制条件的情况下销售被专利保护的产品时，买方获得了对专利产品进行修理的默示许可，但不包括再造专利产品的权利。被告的改造不是一般意义上的修理，因为被专利保护的墨盒没有被破坏或变得有缺陷。被告的改造改善了该专利墨盒的应用性，不是不允许的"再造"，更近似于对不成熟产品的修理。在缺少合同限制的情况下，买方有权对所购买的产品进行修改，只要不是对已经报废的产品进行再造就可以。因此，法院认定被告的行为"类似修理"，而不是"再造"，不构成对惠普公司专利权的侵犯。❷

---

❶ Aro Mfg. Co. v. Convertible Top Replacement Co., 365 U. S. P. Q. 354 (1961).
❷ Hewlett – Packard Co. v. Repeat – O – Type Stencil Mfg. Corp., 123 F. 3d 1445, 43 USPQ2d 1650 (Fed. Cir. 1997).

将已整体报废的产品重新组合形成新的产品的行为构成产品的再造。1882 年，美国最高法院审理了 Cotton – Tie Co. v. Simmons "棉包捆扎带案"。原告的专利产品棉包捆扎带是一个由金属扣和金属带组成的用于捆扎棉包的带子。顾客购买了这种捆扎带以后，用于捆扎棉包以便于把棉包从种植园运到棉花加工厂。在棉花加工厂，这种带子被分割为若干段。被告将分割后的碎片收集起来，并铆接在一起，再加上原来的金属扣，作为新的棉包捆扎带出售。美国最高法院认为，"不管被告对使用旧金属扣有什么权利，他都不能将金属扣和实质上新造的金属带连接在一起，来制造一个棉包捆扎带。当被告将金属扣连接在用旧带子的碎片铆接在一起而制成的金属带上时，他制造了棉包捆扎带。将带子碎片连接成一体，在通常意义上，不是对带子的修理。带子被顾客在棉花加工厂自愿割开，因为带子已完成了其捆扎棉包以便于从种植园向加工厂运输的作用。它作为带子被使用的性能已经被自愿地破坏了。"据此，法院认为被告的行为属于对专利产品的再造而不是修理，因而构成侵权。[1]

从以上案件我们可以看出，美国法院在司法实践中十分注重区分修理与再造行为，法院会考虑专利产品是否整体报废、修理的经济价值、修理的难度、修理部分占整个专利产品的比例、修理的市场需求等因素。

我国以前在司法实践中很少遇到涉及专利产品维修的纠纷，因此对于专利产品修理与再造行为至今没有明确的法律规范。最高人民法院曾于 2003 年 10 月拟定了一个《关于审理专利侵权纠纷案件若干问题的决定（会议讨论稿）》，但并未正式公布实施。《关于审理专利侵权纠纷案件若干问题的决定（会议讨论稿）》第 27 条将修理解释为"专利产品的合法使用人为使专利产品能够正常使用而进行的修理、更换零部件等维护性行为"。《关于审理专利侵权纠纷案件若干问题的决定（会议讨论稿）》第 27 条规定的再造行为包括"为生产经营目的回收他人使用过的包装物外观设计专利产品用于包装自己的产品"。

---

[1] Cotton – Tie Co. v. Simmons, 106 U. S. 89 (1882).

实际上，再造是指当专利产品整体报废后，在报废产品的基础上生产出新的产品的行为。再造行为的构成条件：第一，专利产品已经整体报废，而不是可以通过替换部分零件来维持其功能；第二，利用专利产品的技术特征生产出一个功能、性质与原专利产品相同的新产品。

在未来3D打印涉及修理、更换、再造等事项中的专利侵权问题时，应当借鉴国外先进的立法经验，结合我国的实际情况，正确制定修理与再造行为中有关专利侵权的法律规则。

五、3D打印与默示许可

当3D打印技术普遍进入家庭或个人使用的大规模应用阶段（实际上这一阶段将随着家用3D打印机成本不断降低、新材料的不断涌现而很快到来），一个突出的问题就会凸显出来——某个合法产品的使用人或购买者，是否得到了默示许可，从而可以使用3D扫描与3D打印技术，对该产品进行适当的复制、加工或更换？

假如复制的对象是非专利产品，则没有知识产权上的障碍。然而，目前要想打印一款没有涉及任何知识产权的产品似乎已经越发困难，除非产品极为简单，并且没有任何知识产权的保护。

如果对象的产品是一种专利产品，或者内中含有种种发明、实用新型或外观设计的专利，则是否可以用默示许可为自己的3D打印行为进行抗辩？

专利默示许可，也称隐含许可（implied license），有别于以书面合同等方式确立的明示许可，它是指在一定情形之下，专利权人以其非明确许可的默示行为，让被控侵权人（专利使用人）产生了允许使用其专利的合理信赖从而成立的一种专利许可形态。

早在1927年，美国联邦最高法院就在De Forest Radio Tel. Co. v. United States一案（以下简称"De Forest案"）的判决中对专利默示许可进行了阐明："并非只有正式的授权许可才能达到许可使用的效果。对于专利权人使用的任何语言或采取的任何行为，只要它能够让他人正当地推定专利权人已经同意其从事制造、使用或销售等实施专利的行为,则可以构成一种许可,并可以在专利侵权诉讼中以此作为抗辩。"❶

虽然专利默示许可通常出现在专利侵权诉讼中,并作为被控侵权人的抗辩理由,但从本质上讲,专利默示许可只是默示合同的一种形式。正如美国联邦最高法院在 De Forest 案中对专利默示许可的定性:"此后当事人之间的关系以及相关的任何诉讼,都必须认定为合同关系,而不是侵权关系。"在 Medeco Security Locks, Inc. v. Lock Technology Corp 一案中,美国纽约南区地方法院更是明确指出:"与任何其他的默示许可一样,专利默示许可属于当事人的合同行为。"

因此,如果法院认定当事人的争议事实乃是专利默示许可行为,那么剩下的就是许可的范围大小,以及是否支付许可使用费等问题了,专利权人并无权提起诸如要求停止侵权、损害赔偿等专利侵权的诉讼请求。所以,在实践中,当事人的争议是其构成专利侵权行为还是专利默示许可,差别非常巨大,且对于被控侵权人的利益影响甚大。

根据关于默示许可的理论,专利权人的行为可能基于许多不同的理由被认定为产生了默示许可,这些理论包括默许(acquiescence)、行为(conduct)、衡平法上的禁止反言(equitable estoppel)或者法律上的禁止反言(legal estoppel)。不论依据哪种理论认定默示许可,其根本目的都是保护使用人的信赖利益。如果从专利权人的任何行为中,能够合理地推定出其已同意他人实施其专利进行制造、使用、销售等行为,那么,他人就获得了一种被许可实施专利的信赖,并基于此种信赖而受到合同的保护,否则将会对他人造成不公平的后果,也不利于建立稳定的可预期的市场秩序。

如果 3D 打印者主张基于产品已经销售而产生的专利默示许可,继而允许人们用 3D 打印自行复制其中一部分,则存在一定的合理性。

专利权人的产品销售而发生专利默示许可的情形相对比较普遍,

---

❶ De Forest Radio Tel. Co. v. United States, 273 U. S. 236 (1927).

其通常包括以下三种典型情形。

（1）专利权人销售的零部件专用于制造其专利产品的情形。虽然专利权人没有销售其获得专利的产品本身，而只是销售了该专利产品的零部件，但这些零部件除了用于制造该专利产品外，并无其他任何用途。只要专利权人在销售这些零部件时没有明确提出限制性条件，就应当认为购买者获得了利用这些零部件制造、组装专利产品的默示许可，其行为不构成专利侵权。

（2）专利权人销售的产品专用于实施其专利方法的情形。如果专利权人销售的设备（或产品）只能专用于实施其专利方法，则无论专利权人对该专用设备是否享有专利权，仅仅从该专用设备销售的行为本身，即可推定购买者获得了实施专利权人专利方法的默示许可。德国联邦最高法院在1979年所作的一项判决中指出："如果专利权人售出的是一个没有获得专利保护的设备，而该设备只能用于实施专利权人的方法专利，也不会使该方法专利被权利用尽，可以认为购买者获得了实施该方法专利的默示许可，不过默示许可是双方当事人之间的协议问题。"

（3）专利权人出售的未完成产品须利用其专利方法完成的情形。在1942年的United States v. Univis Lens Co. 案中，美国联邦最高法院指出，专利权人的专利覆盖了镜头毛片（只能用于制造眼镜镜片），假定在该案中也覆盖了将镜头毛片加工成眼镜镜片的打磨和抛光方法，那么，专利权人及其被许可人对镜头毛片的销售本身，则既包含了受专利保护的镜头毛片所有权的完全转移，也授予了完成受专利方法保护的最终阶段——打磨和抛光的许可。

需要注意的是，用于制造专利产品或实施方法专利的产品零部件或专用设备，如果全部来自专利权人，适用专利默示许可似乎理所当然。但是，如果这些零部件或专用设备中仅有一部分来自专利权人，而另一部分来自非专利权人，此时还能否适用专利默示许可？美国联邦巡回上诉法院于2003年5月审结的Anton/Bauer, Inc. & Alex Desorbo v. PAG, Ltd. 案正属于此种情形，其结论仍然是适用专利默示许可。

还有一种就是基于原有协议而产生的专利默示许可。如果从与专

第五章　3D 打印的专利法分析

利权人签订的原有协议中，可以合理地解释或推断出专利权人许可自己使用其专利的含义，那么专利默示许可就有适用的余地。通常认为被许可人获得制造专利产品的权利，并不意味着必须由被许可人自己来进行制造行为，其也可以委托、指使其他人为其制造专利产品。因此，即使许可合同中没有关于"指使制造权"（have - made right）的明示约定，被许可人也可以基于默示的推定获得指使制造权，除非合同中有相反的规定。

大部分人可能会认为，默示许可是永久性的免费许可，这个结论可能过于武断。专利默示许可是否免费，应当取决于当时的具体情况。虽然默示许可可以免除被控侵权人的侵权责任，但不能绝对地排除金钱给付的责任，它只是将侵权案件转化成合同案件。因此，如果法院认定存在默示许可，可能还需要进一步判断被控侵权人是否要支付专利许可费。

在有的默示许可情形下，被控侵权人的确无须支付任何专利许可费。比如，基于专利权人违约行为而销售自己依照合同制造的专利产品的默示许可，基于购买专利权人专用于制造其专利产品的零部件而组装成专利产品的默示许可，当然无须支付任何专利许可费。在基于原有许可协议而对许可人事后取得的专利获得默示许可的情形，被许可人已经在原有许可协议中支付了相应的对价，也无须再为专利默示许可支付额外的许可费。可以说，大多数情形下的专利默示许可中，被控侵权人都无须支付许可使用费。

但在有的默示许可情形下，被控侵权人仍然需要支付一定的专利许可费。比如，2008 年 7 月 8 日，《最高人民法院关于朝阳兴诺公司按照建设部颁发的行业标准设计、施工而实施标准中专利的行为是否构成侵犯专利权问题的函》（〔2008〕民三他字第 4 号，以下简称"第 4 号复函"）明文确认了专利默示许可的存在及其合法性，并且，针对基于标准而产生的专利默示许可予以进一步说明："专利权人可以要求实施人支付一定的使用费，但支付的数额应明显低于正常的许可使用费；专利权人承诺放弃专利使用费的，依其承诺处理。"

以默示许可来对 3D 打印涉及的专利侵权进行抗辩，也是如此。

在许多情况下，如果默示许可成立，则结果将会是免费。但是，将来是否会产生出一种可能——既然社会普遍已经存在3D打印的复制技术与能力，则某一种产品在销售时给使用人许可，可以3D打印进行复制、制造，只需支付一定的许可费用即可。这是值得将来探讨的，也是可能出现的一种情形。

六、3D打印与假冒专利

当3D打印技术已经能接近或达到同原物一样的质量或水平时，如果有人用3D打印技术打印某种产品，并且使用人误以为就是原来的某种专利产品，即冒充专利产品，这时3D打印的使用者将承担何种法律责任？

假冒他人专利，是指未经专利权人许可，擅自使用其专利标记的行为。包括：(1) 在其制造或销售的产品、产品的包装上标注他人的专利号；(2) 在广告或其他宣传材料中使用他人的专利号，使人将所涉及的技术误认为是他人的专利技术；(3) 在合同中使用他人的专利号，使人将合同涉及的技术误认为是他人的专利技术；(4) 伪造或变造他人的专利证书、专利文件或专利申请文件。

《北京高院关于'专利侵权判定若干问题的意见（试行）'的通知》（京高法发〔2001〕229号）第82条提出，假冒他人专利行为应当同时具备以下条件：(1) 必须有假冒行为，即在未经专利权人许可的情况下，以某种方式表明其产品为他人获得法律保护的专利产品，或者以某种方式表明其技术为他人获得法律保护的专利技术，从而产生误导公众的结果；(2) 被假冒的必须是他人已经取得的、实际存在的专利；(3) 假冒他人专利的行为应为故意行为。[1]

假冒他人专利行为所侵害的客体是专利权人的专利标记权，因

---

[1] 北京市高级人民法院关于《专利侵权判定若干问题的意见（试行）》的通知 [EB/OL]. (2013-04-21) [2015-04-24]. http://www.110.com/ziliao/article_317465.html.

此，不以是否实施了他人的专利技术为要件。即被控侵权物（产品或方法）不一定实施了他人的专利技术，假冒他人的产品可与专利产品不相同，其方法可与专利方法不相同。依据专利许可合同实施的技术与许可方的专利技术内容不一致，但在产品包装上标注了专利权人的专利号的行为，属于未经专利权人许可的假冒他人专利行为。

管理专利工作的部门对假冒他人专利行为作出行政处罚之后，专利权人仍有权提起侵权诉讼，要求假冒他人专利的行为人承担民事侵权责任。

对假冒他人专利行为，人民法院除可以根据专利权人请求令侵权行为人依法承担民事责任外，还可以依法对假冒他人专利行为人给予行政处罚。

可见，即使使用3D打印这种制造方式与原来产品制造方法不同的手段，如果冒用、标记其他人的专利号，仍属于假冒专利的行为，应当承担与传统假冒行为一样的法律责任。尽管这样的案例还没有发生，但在未来却是可能发生的。

七、3D打印的自我复制

3D打印机与一般的机器不同之处在于，有的3D打印机能够再生产出3D打印机，实现自我复制功能。

这种3D打印机对于人们的生产、使用带来了极大的便利，同时也对专利法、版权法带来一定的冲击。

2005年，英国巴斯大学机械工程高级讲师Adrian Bowyer博士创建了RepRap项目。RepRap是一种3D打印机原型机（或3D立体打印机），它具有一定程度的自我复制能力，能够打印出大部分其自身的（塑料）组件。这种原型机从软件到硬件各种资料都是免费和开源的，都在自由软件协议GNU通用公共许可证GPL之下发布。目前，RepRap项目已经发布了4个版本的3D立体打印机：2007年3月发布的"达尔文"（Darwin）、2009年10月发布的"孟德尔"（Mendel）、2010年发布的"Prusa Mendel"和"赫胥黎"（Huxley）。开发者采用了著名生物学家们的名字来命名,是因为"RepRap 就是复制和进化"。由于机器具有自我复制能力,作者希望能够廉价地传播 RepRap 给个人和社区,使他们能够创建(或下载来自互联网)的复杂产品,而不需要昂贵的工业设施。他们打算利用 RepRap 来展示在这个过程中其可以进化,以及它的数量可以按指数成倍增加。RepRap 项目的既定目标是建造一个纯粹的自我复制设备,不是建造设备本身,而是能让用户个人在任何地方,以一个最小的资本支出,把桌上台式制造系统技术放在手中,这将能使用户个人制造许多在日常生活中使用的物品。从理论上讲,该项目试图证明一个假说,那就是用这个技术可以让人们使用冯诺依曼通用制造器,来建造出"具有足够的通用性的快速原型设计和直接写技术"。❶

这种能够实现自我复制的 3D 打印机器,对于专利法提出了一个巨大挑战,那就是,3D 打印技术本身的专利也可能就如同版权法里的自由版权协议一样,其专利不再是一种专有的权利,而是着眼于"共享的专利"。这种专利权,不是为了实施或者制止他人侵权,甚至不是为了许可收费取得收益,而是像免费许可版权一样进行无限的自我分享、复制。

---

❶ Reprap 3D 打印机介绍:什么是 Reprap [EB/OL]. (2013-01-03) [2017-07-27]. http://www.nanjixiong.com/thread-1152-1-1.html.

第六章
3D 打印的商标法分析

一、3D 打印涉及的商标问题概述

3D 打印所引发的与商标法有关的问题可能包括这样一些情形：

（1）当 3D 打印机的使用人利用 3D 扫描仪将他人拥有商标权的产品进行 3D 扫描，然后获得 3D 打印的相关数据后，自行用 3D 打印机进行生产制造，并转售他人，是否构成商标侵权？或者在此情况下，将获得的 3D 打印所需的数据，上传到网上售卖或免费提供给他人使用，是否构成侵权？

（2）当 3D 打印机的使用者将他人带有商标权的商品，去除商标后，再进行 3D 扫描，然后获得 3D 打印的相关数据后，自行用 3D 打印机进行生产制造，并转售他人，是否构成商标侵权或商标淡化？或者在此情况下，将获得的 3D 打印所需的数据，上传到网上售卖或免费提供给他人使用，是否应当承担法律责任？

（3）当 3D 打印机的使用者将他人带有商标权的商品，去除商标后，再贴上自己的商标，继而进行 3D 扫描，然后获得 3D 打印的相关数据后，自行用 3D 打印机进行生产制造，并转售他人，是否构成商标侵权或商标反向假冒？或者在此情况下，将获得的 3D 打印所需的数据，上传到网上售卖或免费提供给他人使用，是否承担法律责任？

（4）当3D打印机的使用者将他人的立体商标或立体商标权的商品，进行3D扫描，然后获得3D打印的相关数据后，自行用3D打印机进行生产制造，并转售他人，是否构成商标侵权？或者在此情况下，将获得的3D打印所需的数据，上传到网上售卖或免费提供给他人使用，是否承担法律责任？

本章就将针对以上问题从商标法方面来进行探讨3D打印。

二、3D打印与商标侵权

从侵权的法律分析判断逻辑上讲，主要采用的是三段法。即，第一步，弄清哪些行为在法律上属于侵权；第二步，了解实际的行为是什么；第三步，判断实际的行为属于还是不属于法律所规定或确定的侵权范围内的行为，从而得出是否构成侵权的结论。

本章除了讨论一般的侵权外，还可能涉及法律目前的规定是否合乎3D打印的发展或内在需求，换句话说，法律目前的规定可以用来判断目前是否构成侵权，但是未来法律的界限却又极有可能根据社会发展、科技进步、经济利益的变化而进行调整。

1. 3D打印与商标有关的行为

使用3D打印技术，在如下情况时有可能涉嫌侵犯商标权：

其一，使用3D打印技术，复制或制造的对象含有3D立体商标；

其二，使用3D打印技术，复制或制造的对象是有商标的产品，复制者用3D打印完成后，不再含有原来的商标、去掉原商标或贴上新的商标，或者未经许可使用原来的商标。

2. 传统的商标侵权

商标侵权的前提是有合法的商标存在。商标是一种商用的具有显著特征的标志，是现代经济的产物。商标是商品的生产者、经营者在其生产、制造、加工、拣选或者经销的商品上或服务的提供者在其提供的服务上采用的，用于区别商品或服务来源的，由文字、图形、字母、数字、三维标志、声音、颜色组合，或上述要素的组合。经国家核准注册的商标为"注册商标"，受法律保护。商标通过确保商标注册人享有用以标明商品或服务，或者许可他人使用以获取报酬的专用权，而使商标注册人受到保护。

商标的起源可追溯至古代，当时工匠将其签字或"标记"印制在其艺术品或实用产品上。时至今日这些标记和现象已演变成世界通行的商标注册和保护制度。我国《商标法》规定，经商标局核准注册的商标，包括商品商标、服务商标和集体商标、证明商标，商标注册人享有商标专用权，受法律保护，如果是驰名商标，将会获得跨类别的商标专用权法律保护。世界知识产权组织（World Intellectual Property Organization，WIPO）官方网站记载：商标是将某商品或服务标明是某具体个人或企业所生产或提供的商品或服务的显著标志。

注册商标受到法律的保护。因此，行为人未经商标权人许可，在相同或类似商品上使用与其注册商标相同或近似的商标，或者其他干涉、妨碍商标权人使用其注册商标，损害商标权人合法权益的其他行为，这些都属于涉嫌商标侵权的行为。侵权人通常需承担停止侵权的责任，明知或应知是侵权的行为人还要承担赔偿的责任。情节严重的，还要承担刑事责任。我国《刑法》有专门针对知识产权犯罪的规定。

具备下述四个构成要件的，构成侵犯商标权的侵权行为：其一，必须有违法行为存在，即指行为人实施了比如销售假冒注册商标商品的行为。其二，必须有损害事实发生，即指行为人实施的侵犯商标的行为造成了商标权人的损害后果。比如，销售假冒他人注册商标的商品会给权利人造成严重的财产损失，同时也会给享有注册商标权的单位等带来商誉损害。无论是财产损失还是商誉损害都属损害事实。其三，违法行为人主观上具有过错，即指行为人对所销售的商品属假冒注册商标的商品的事实系已经知道或者应当知道。其四，违法行为与损害后果之间必须有因果关系，即指不法行为人的行为与造成商标权人的损害结果存在因果的关系。

我国《商标法》有下列行为之一的，均属侵犯注册商标专用权：（1）未经商标注册人的许可，在同一种商品上使用与其注册商标相同的商标的；（2）未经商标注册人的许可，在同一种商品上使用与其注册商标近似的商标,或者在类似商品上使用与其注册商标相同或者近似的商标,容易导致混淆的;(3)销售侵犯注册商标专用权的商品的;(4)伪造、擅自制造他人注册商标标识或销售伪造、擅自制造的注册商标标识的;(5)未经商标注册人同意,更换其注册商标并将该更换商标的商品又投入市场的;(6)故意为侵犯他人商标专用权行为提供便利条件,帮助他人实施侵犯商标专用权行为的;(7)给他人的注册商标专用权造成其他损害的。

本章最开始提出有关 3D 打印的情形,其中第(1)和(3)种情况,如果是进行 3D 打印后进行售卖,则构成商标侵权;未曾销售,免费供个人使用,则倾向于认为不构成侵权。

三、3D 打印与立体商标

(一)立体商标的 3D 打印

3D 打印中很直观地涉及商标的事例便是这样一种情形——3D 打印者使用 3D 打印机打印具有 3D 立体商标的产品,这种情况是否构成商标侵权?

梳理和总结现有的立体商标的授权标准案例、立体商标侵权的案例,有助于我们进一步认识现行商标法律制度能否适用于未来的 3D 打印技术的大规模应用,以及使用 3D 打印技术复制、生产或制造立体商标或含有立体商标的产品时是否会产生的商标侵权问题。

首先得从立体商标谈起。立体商标又叫"三维商标",是以立体标志、商品外形或商品的实体包装物以立体形象呈现的商标。简单地说就是以立体形状呈现的商标。

据 2005 年 12 月 31 日发布的《商标审查及审理标准》,立体商标可以是商品本身的形状、商品的包装物或者其他三维标志。它可以分为以下几种:

其一,单纯的立体形状:

A. 商品自身的立体形状;

B. 商品容器的立体形状；

C. 商品广告物的立体形状。

其二，立体形状上附带文字商标或图形商标：

A. 商品自身的立体形状上附带文字商标或图形商标；

B. 商品的包装或容器的立体形状上附带文字商标或图形商标；

C. 商品广告物的立体形状上附带文字或图形商标。

世界上最早对立体商标进行保护的国家是法国，早在1858年，法国吉百利公司生产了一种带有槽形的巧克力，经过一段时间销售，吉百利公司这种形状的巧克力就被消费者广泛接受，大家一看到这种形状的巧克力就知道是吉百利牌巧克力。这时，就有另外一些巧克力公司也开始生产这种形状的巧克力，结果导致吉百利公司的销售量大幅下降，吉百利公司就把其他几个巧克力生产公司诉至法院，认为其他几个公司因为生产跟它同一形状的巧克力给消费者造成了误导，使消费者以为这是吉百利公司生产的巧克力，要求法院禁止其他公司生产这一形状的巧克力。最后，法院经过调查，其他公司生产的同一形状的巧克力确实给消费者造成了误导，判其他公司不得再生产这一形状的巧克力，从此，立体商标就产生了。法国立法局跟进的速度很快，马上就通过立法对立体商标进行保护，确定了立体商标的法律地位。当然，如果放到现在，这种立体形状在巧克力这种商品上很难得到保护，因为这一形状显然是为了使大块的巧克力更易于分割，使我们吃的时候更加方便。

从1858年到现在的100多年里，对立体商标的保护发展得很快，到目前为止对立体商标给予注册保护的国家和地区有80多个，这80多个国家和地区大致可以分为三种类型：第一类是直接在商标法中明确规定允许以商品和包装的形状作为立体商标注册保护，占大多数；第二类是在商标法中虽未明确规定保护立体商标，但规定允许以商品包装进行商标注册，这类国家不多，如阿富汗、伊朗、阿拉伯联合酋长国、吉布提、芬兰等；第三类是未在商标法中明确排除立体商标注册，并在事实上给予注册保护的国家，如希腊、冰岛、奥地利、委内瑞拉、玻利维亚、厄瓜多尔、秘鲁、海地、洪都拉斯、危地马拉、哥斯达黎加，萨尔瓦多、尼加拉瓜、巴拿马、利比里亚等。

　　立体商标的保护直到 TRIPS 签署都一直有争议。作为三维标记，立体商标往往比平面商标具有更强的视觉冲击力，更能识别商品或服务的出处，但由于有的国家担心保护立体商标可能与版权、专利尤其是外观设计专利的保护发生冲突，立体商标在相当长的时间里都无法受到保护。目前对立体商标给予保护的国家在立体商标注册时一般都会附加严格的限制条件，如该立体标记不得由商品的性质所决定，不得是取得某种技术效果所必需的，不得赐予商品实质价值。

　　按照构成的不同，立体商标有4种表现形式。

　　（1）与商品无关的装饰性外形，如奔驰汽车的标记是一个环，中间是一个三角星，这个标志本身并不是汽车上的一个零部件，与车本身没有任何关系，只是用来说明这辆车是奔驰车。还有劳斯莱斯汽车的张开手臂、迎风飞翔的纯银飞翔女神，麦当劳线条非常圆滑的大"M"等。这类立体商标的特点是商标与商品或服务之间没有任何联系，仅仅是一个立体标志。

　　（2）带有文字和图形成分的商品或商品包装物形状，如带有凹形文字和图形的香皂，这些凹形的文字和图形与香皂的外形一起构成一个立体商标，又比如伊力老陈酒的酒瓶，瓶子上有凸起"伊力老陈酒"这几个字，这种有凸起文字的瓶形也可以成为一种立体商标，这类立体商标的特点由两部分组成，一部分是商品外形包装物的外形，一部分是凸起或凹进的文字。

　　（3）商品包装物的外形，比如"酒鬼"的酒瓶是一个麻袋装满了烧陶器的泥巴，拿到窑里烧，麻袋烧掉了，剩下的泥巴烧成陶器的形状，这个酒瓶子的形状是一个很特殊的酒的包装物外形，可以成为另一种立体商标。这类商标的特点是仅由商品包装物的立体外形形成的商标。

　　（4）商品本身外形。在国外注册这类商标的有在打火机上特殊形状打火机的外形、在手电筒上注册特殊形状手电筒的外形。在欧盟有一家食品生产商就生产一种三角形、网状的饼干，这种饼干的形状就被欧盟内部市场协调局（相当于知识产权局）核准注册。这类商标的特点是仅由商品本身的立体外形形成的商标。

立体商标取得注册，除了必须遵守一般商标注册原则以外，还有一些特殊的要求，又被称为"限制性条件"。

（1）商品自身性质产生的外形不能注册

这一规定针对注册涉及商品的外形，同其天然状态或通常的加工状态相比，缺乏特别之处，换句话说，这种外形仅仅是对商品的叙述，而不能起到区别商品出处的商标功能。

例如，水结晶后是雪花的形状，这两个形状都是水的天然固体状态，或者说是由于它们的性质产生的外形，这种形状不能注册。当然没有人会给雪注册一个雪花状的立体商标，以此类推，在冰糖上不能注册冰糖强晶后产生的立体形状，明矾不能注册矾结晶产生的立体形状。

除了天然状态不能注册外，加工状态也不能注册，比如钻石不加工成下面小，上面大，有多个反射面的形状，也不能注册，因为不这样加工就不能很好地反射光线，看上去就不漂亮，这一形状是由加工状态所决定的，也不能注册。

（2）商品功能所决定的外形不能注册

功能主要包括两种：技术功能和美学功能。

①技术功能

所谓技术性功能就是商品的外形更有利于该商品使用或使加工费用更低，就认为这一外形具有技术功能。有技术功能的商品外形不能注册的规定主要是为了防止其对专利法的规避。因为一个纯粹功能性的外形，应该由发明专利来保护，并最终进入公有领域，而不能允许所有人将其注册为一个可以无限续展的商标。具有功能性的外形，除了可以通过发明专利来保护外，应当供竞争者自由使用。

②美学功能

具有美学功能的立体形状不能作为立体商标被注册。这一规定的目的是避免商标的宗旨被扭曲并因此损害版权和外观设计权。具有美学功能的外形不能成为版权或外观设计专利保护对象。

企业在设计商标时都尽可能让商标美观一些，所以不可能排除商标的美学功能，既然不能排除商标的美学功能，具有美学功能的商标又不能注册，这不是不能注册了吗？一般认为如果这一立体形状的识别功能大于美学功能则可以注册，如果是美学功能大于识别功能则不能注册。

(二) 关于立体商标的案例

1. 关于立体商标是否成立或能否得到授权的案例

我们来看一则可口可乐公司"芬达"立体商标的案例。

可口可乐公司就其产品在中国境内注册商标"芬达"，因国家工商行政管理总局商标评审委员会（以下简称"商评委"）不允许将"芬达"饮料瓶的设计注册为立体商标，可口可乐公司将商评委诉至北京市第一中级人民法院。第一中级人民法院维持了商评委的审定意见。我们首先援引可口可乐公司代理人的辩论所述理由：可口可乐公司诉称，其申请注册的"芬达"饮料瓶商标图形为瓶型三维标志，与常见的通用瓶型相比，主要特征是瓶身下半部有密集的环绕棱纹。可口可乐公司认为，瓶身的下半部分往往是消费者视觉识别的主要部位和主要的接触部位，故该部分的棱纹设计产生了独特的效果，使其区别于一般瓶型。可口可乐公司长期使用这种瓶型盛装其生产的"芬达"饮料产品，深受中国广大消费者喜爱，在消费者中已形成特定联想，能够与普通瓶型相区别，而且瓶型立体商标已在多个国家获得注册，充分证明该商标具有显著性，应予核准注册。

而商评委认为，"芬达"的饮料瓶设计比较简单，缺乏特色，不容易与其他饮料的瓶子相区分，并不能产生区别于其他普通瓶型的显著特征，整体缺乏显著性。就拿可口可乐公司强调的棱纹来说，目前在市场上有很多饮料在瓶子上也早采用了棱纹等防滑设计，可口可乐公司的瓶子没有独创性，不符合《商标法》第11条的规定。另外，根据商标确权与保护的地域原则，申请商标在别国获准注册的情况不能成为在中国必然获准注册的理由。因此决定对原告的申请商标予以驳回，不予初步审定公告。

北京市第一中级人民法院经审理认为，根据《商标法》规定，缺乏显著性的标志不得作为商标注册。"芬达"饮料瓶是在普通瓶型的基础上，在瓶身下部设计为棱纹，该设计虽然与普通瓶型的下部构成区别。但在二者整体设计基本相同的情况下，该区别带来的视觉效果差异不大。"芬达"饮料瓶身下部的棱纹不足以构成其与普通瓶型外观形状的明显改变，不易引起一般消费者的注意。所以申请商标整体缺乏显著性，不具有区别于其他商品的作用。商评委据此对申请商标予以驳回正确，法院应予维持。

2. 雀巢公司立体商标案

我们再来看一则雀巢公司以包装立体商标为武器向中国的酱油瓶开战的案例。

据来自开平市食品行业协会的消息，2008年10月，雀巢公司向开平市的味事达、广中皇两家公司发出警告函，向开平市工商局投诉开平市的民丰、味香皇和味香3家企业，称雀巢在食用调味品上享有注册号为G640537号的注册商标专用权，开平市的这些调味品企业在酱油等产品上使用与该商标近似的棕色方形瓶包装，侵犯了其商标权，要求这些企业停止侵权，销毁涉嫌侵权物品。

据悉，除上述被投诉或警告的3家企业外，仅开平市就有28家规模以上企业在生产使用棕色方形瓶包装的酱油。

雀巢公司在其警告函中称，该棕色方形瓶是由Julius Maggi先生设计的，这一瓶型被雀巢公司沿用了100多年。雀巢公司20世纪70年代末80年代初期通过香港向内地出口使用该瓶子包装的"美极"鲜味汁产品。1992年，雀巢公司在中国成立了东莞美极有限公司，该棕色方形瓶从那时起进入了中国市场。

1995年2月9日，雀巢公司的棕色方形瓶在瑞士取得商标基础注册。1995年7月27日，该商标取得国际注册，申请指定了多个马德里协定成员国，包括中国在内。

商标的国际注册，首先是申请人在原属国申请或取得注册，以此向世界知识产权组织国际局申请注册，同时通过领土延伸向马德里协定成员国指定申请商标注册，国际局只作形式审查、发布公告并送达申请人指定的成员国。成员国通过实质审查，或核准，或驳回，然后通过国际局公告。

对于立体商标的国际注册，很多国家通常都是根据本国情况而定，国内若没有相关产业，可能会核准；若有，一般会驳回申请。如日本对酱油需求量比较大，有类似的产业，因此该棕色方形瓶商标在日本被驳回了，在新加坡也被驳回了，在西班牙也收到了最终驳回裁定，在德国也被最终驳回。中国曾对它发了两次最终驳回裁定，一次是针对1995年的申请，另一次是针对2002年的后期指定。

雀巢公司2002年3月14日向中国提出该棕色方形瓶立体商标国际领土延伸后期指定。2002年11月27日国家商标局驳回了该商标申请。2003年1月14日，雀巢公司向商标评审委员会申请驳回复审。2007年6月11日，商标评审委完成复审作出决定。认为"该商标的三维标志通常会被消费者认为是商品的容器，本身难以起到区分商品来源的作用，但雀巢公司在驳回复审程序中提供了大量使用证据，足以证明该标志已经起到了区分来源的作用，具备了商标应有的显著特征"，给予初步审定，并由世界知识产权组织国际注册局进行公告。

由于国内企业很少关注国际公告，该商标异议期满便顺利获得注册，核定使用在第30类3018类似群组"食品香料"商品上。而众多中国使用方形瓶的企业对即将由此带来的灾难性后果却浑然不觉。

开平味事达调味品有限公司于2008年11月26日对"棕色方形瓶"立体商标提出争议裁定申请。国家工商总局商标评审委员会裁定争议商标予以维持。味事达公司不服裁定，认为裁定程序违法，认定事实和适用法律错误，向北京市第一中级人民法院提起行政诉讼，请求依法撤销裁定。

味事达公司称，根据商标评审规则规定，合议组由商标评审人员3人以上的单数组成；合议组审理案件，实行少数服从多数原则。而商评委在审理本案作出裁定时，由两名评审人员组成合议组合议，违反了上述规定，程序不当。味事达公司又称其提交的证据证明，其前身开平县酱料厂早在1983年就在使用棕色方形瓶作为中高端味极鲜酱油的包装，并长期大量持续使用至今。

对于"方形瓶"是行业通用包装还是雀巢独有商标的争议，味事达认为,"棕色方形瓶"并不具有法条规定的"显著性"。在争议商标注册前,棕色方形瓶在中国已是调味品行业广泛使用的中高端酱油的常用包装或通用包装,而非雀巢的特有包装。在整个行业长期普遍使用的情况下,"棕色方形瓶"已经成为整个行业的公共资源。这种"方形瓶"不具有商标区分商品来源的特征,也不宜被核准注册为立体商标由一家独占。

对此,雀巢公司答辩道,不否认有很多调味品公司采用"方形瓶"来装酱油,但其行为是侵犯雀巢公司商标权的侵权使用行为,不能把其他公司的侵权使用作为"方形瓶"不具显著性的理由。

味事达公司则强调,在争议商标注册之前,雀巢公司长期对棕色方形瓶不享有任何合法权利,味事达和同行业长期合法使用该包装,形成了自由使用该通用包装公共资源的权利,已形成了稳定的经济秩序。争议商标的错误注册,导致雀巢垄断了中国调味品行业共同培育的棕色方形瓶装中高端酱油市场,严重损害了公共利益,危害了公平竞争的经济秩序,违背了商标法的宗旨和立法本意,依法应予撤销。

一些学者认为雀巢公司在立体商标注册中有滥用授权程序嫌疑。中华商标协会专家委员会主任董葆霖认为,雀巢公司在2002年向中国申请商标注册时,强调通过使用产生了显著性;但是,向商评委提供证据材料时隐瞒了它所知道的别人已经在先使用的事实真相,这种情况下要质疑取得注册的合法性。

对此,中国政法大学副教授、原北京市第一中级人民法院民事审判庭五庭庭长张广良认为,雀巢公司在注册商标的过程当中隐瞒了明知的事实,有不正当注册或欺骗手段注册之嫌。虽然表面上看起来它在程序上是合法的,但是它通过形式上的合法达到非法的目的。雀巢公司有可能构成滥用授权程序的罪名。有学者还提出应积极启动撤销程序。中国社科院教授李顺德及其他专家一致指出,对作为产品包装的立体商标,法律特别强调必须有长期使用形成的显著性才能给予注册,在中国市场,这个商标已经不具有可识别的显著性,基于实际情况,中国企业要积极启动撤销程序,不能让它继续合法存在。[1]

关于该立体商标即争议商标是否具有固有显著性。固有显著性的判断应以相关公众的认知为标准。如果某一标志无法使相关公众将其作为商标认知,则该标志原则上不具有固有显著性。通常而言,对商品或服务特点(如质量、功能、包装、颜色等)进行直接描述的标志,因其会使相关公众将其认知为商品或服务的相关特点,无法起到区分商品或服务来源的作用,故属于不具有固有显著性的情形。

具体到该案,法院对于争议商标的固有显著性持否定态度。原因在于,从整体上看,三维标志具有相对较低的固有显著性。因争议商标为三维标志,故对争议商标显著性的认定不能脱离三维标志所具有的特性。虽然《商标法》第8条规定:"任何能够将自然人、法人或者其他组织的商品与他人的商品区别开的标志,包括文字、图形、字母、数字、三维标志、颜色组合和声音等,以及上述要素的组合,均可以作为商标申请注册。"即平面标志、三维标志或颜色组合标志均可以被注册为商标,但这一规定并不意味着上述三种表现形式的标志均具有相同的固有显著性程度。相比较而言,平面标志整体上具有更高的固有显著性程度。我国修改前的《商标法》中将可注册为商标的标志类型仅限于平面商标这一类型的做法,以及长期以来市场中使用的商标绝大多数均是平面商标这一事实均佐证了这一点。

但对于三维标志而言,情况则有所不同。通常而言,三维标志作为商标使用包含三种使用方式:用作商品本身的形状;用作商品的包装;用作商品或服务的装饰。上述三种使用方式中,除三维标志作为商品或服务的装饰使用时与商品或服务的特点通常并无关联外,在其他两种使用方式下,相关公众看到该三维标志时,通常会将其认知为商品的包装或商品本身的形状,而并不会将其作为商标认知。上述情形足以说明,在上述两种使用方式下,三维标志表示了商品的相关特点,整体上并不具有固有显著性。

---

[1] "国内立体商标争议第一案"风波再起[EB/OL].(2010-11-25)[2014-06-20]. http://news.sohu.com/20101125/n277895047.shtml.

140

争议商标为三维标志,其指定使用商品为食用调味品,因争议商标使用在食用调味品上,通常会使相关公众认为其属于该商品的包装物,无法起到区分商品来源的作用,因此争议商标不具有商标所要求的固有显著性。同时,三维标志的固有显著性程度主要受其使用方式影响,而与该标志是否系独创或是否系臆造并无关联,因此无论争议商标是否由原告最先在中国使用,也无论争议商标是否由第三人所独创,均不会影响争议商标固有显著性的判断。据此,原告认为争议商标不具有固有显著性的主张有一定道理,故法院支持了原告。

争议商标是否具有使商品具有实质性价值的美学功能性,法院认为,对三维标志美学功能性的认定应结合考虑"美感"与"实质性价值"两个要素。虽然商标所有人在设计其商标时通常会考虑其美感要素,但具有美感的三维标志只有在同时使该商品具有了"实质性价值"时,才可以认定其具有《商标法》第12条中规定的美学功能性。因为商品的实质性价值通常由相关公众的购买行为实现,因此对于"实质性价值"的判断应以购买者为判断主体。通常情况下,如果决定购买者是否购买该商品的因素在于该三维标志本身,而非该标志所指代的商品提供者,则该三维标志应被认定为对商品具有"实质性价值"。例如,对于毛绒玩具而言,购买者在购买此类商品时更多的是考虑其外观美感,而非该商品的提供者。此种情况下,对购买行为具有决定性影响的是此类商品的外观美感,至于该外观是否客观上已具有区分商品来源的作用,通常并不会影响购买者的购买行为,据此,此类商品的形状即属于对商品具有"实质性价值"的形状。

具有美学功能性的三维标志之所以不能作为商标注册,主要原因在于适用《商标法》保护此类标志具有以下障碍。

首先,这一保护缺乏《商标法》的利益基础。《商标法》保护的是商标的识别功能为商标所有人带来的利益,但对于具有美学功能性的标志而言,即便该标志同时具有了识别功能,决定购买者购买行为的仍然是该标志本身所具有的外观美感,此种情况下,如果《商标法》为此种标志提供保护必然意味着其客观上保护了该"外观美感"(而非识别功能)为所有人带来的利益,这显然超出了《商标法》的保护范围，缺乏《商标法》上的利益基础。

其次，这一保护使《著作权法》《专利法》的权利保护期限制度在相当程度上落空。因具有美学功能性的标志在很多情况下可能构成受《著作权法》保护的作品以及受《专利法》保护的外观设计专利，故在考虑其是否可以注册为商标时，亦要考虑不同法律之间具体法律制度的协调，权利保护期限制度之间的协调即为应考虑的问题之一。《著作权法》《专利法》与《商标法》在保护期限这一制度设置上具有根本不同。《著作权法》与《专利法》均明确规定了权利的保护期，《商标法》虽规定了注册商标专用权期限，但因其同时还规定了续展制度，因此意味着只要商标权人进行续展，注册商标专用权实际上可以无限期地得到保护。在此情况下，如果《商标法》为具有"美学功能性"的三维标志提供保护，则不仅意味着客观上保护了《商标法》保护范围之外的"外观美感"，也同时意味着该三维标志即便在已超过作品著作权或外观设计专利权保护期的情况下，也可依据《商标法》的规定进行保护。这实际上使得《著作权法》《专利法》中有关权利期限的制度在相当程度上落空，这显然是立法者不愿意看到的。

再次，这一保护使同业经营者处于不合理的竞争劣势。对于具有美学功能性的三维立体标志，考虑到该外观美感对购买行为的决定性影响，同业经营者很可能会希望在其商品上使用该外观以加强其竞争能力。因为外观美感并非《商标法》的保护对象，所以如果具有美学功能性的三维立体标志已过了《著作权法》及《专利法》规定的保护期，则同业经营者理应有权利使用该标志。但如果《商标法》为其提供了注册商标的保护，则将意味着此种情况下同业经营者的使用行为可能会构成侵犯注册商标专用权的行为，这显然不合理地占用了公有资源，并使得同业经营者处于不合理的竞争劣势。

在上述分析的基础上，具体到该案，对于争议商标是否具有美学功能性，争议商标为指定颜色的方形瓶，指定使用商品为食用调味品。因美学功能性应以购买者作为判断主体，因此该案中如果购买者在决定购买哪种食用调味品时，主要考虑的是该商品的包装，则可以认定争议商标这一方形瓶设计具有美学功能性。但结合相关公众的一般认知可以看出，对于食用调味品这一类商品，购买者所关注的通常是其商品本身的质量、生产厂商等要素，至于其采用的包装本身虽然可能在一定程度上影响购买者的购买行为，但显然并非决定性因素。也就是说，整体而言，此类商品的购买者通常不会仅仅基于喜爱该类商品的包装而购买该商品。鉴于此，法院认为，争议商标并不具有美学功能性，未违反《商标法》第12条的规定。

最后，关于争议商标是否违反了2001年[1]《商标法》第41条第1款中有关不得"以欺骗手段或者其他不正当手段取得注册"的规定。因在上述条款中，"违反本法第10条、第11条、第12条规定"与"以欺骗手段或者其他不正当手段取得注册"的情形并列，涉及的均是撤销商标注册的绝对事由，这些行为损害的是公共秩序或者公共利益，或者是妨碍商标注册管理秩序的行为。该案中，原告虽主张第三人隐瞒了同行业使用该包装瓶的情形，且提供的证据中仅有部分涉及争议商标的使用情况，该情形属于采用了"欺骗手段"。此外，第三人明知同行业均在使用该类包装瓶却仍将其注册为商标，该行为属于以"不正当手段"进行注册的行为。但原告所主张的上述情形实际上涉及的均是争议商标是否具有显著性的问题，而商标的显著性问题显然应由《商标法》第11条予以调整，其并不属于2001年《商标法》第41条第1款所调整的损害公共秩序或公共利益以及妨碍商标注册管理秩序的行为，据此，原告的上述主张不能成立，法院没有予以支持。被告认为争议商标未违反上述规定，认定正确，法院在此点上支持了被告的主张。

另外，与平面标志不同，对于"特定的"三维标志而言，其是否系使用者所独创或其是否为臆造标志与其所具有的固有显著性程度并无直接关系。对于平面标志而言，臆造的词或图形显然具有更高的固有显著性程度，但三维标志则不然。只要该三维标志被用作商品的包

---

[1] 此案法院适用2001年修正的《商标法》，并非现在2013年修改的《商标法》（现行条款为第44条），故加上2001年为佳。

装或商品本身的形状,即便该三维标志从未在该类商品上使用过,相关公众仍会将其作为商品包装或商品本身的形状认知,至多会认为该商品包装或商品形状较为"新颖"而已,却并不会因此而将其作为商标认知。之所以会存在这一情形,究其根本在于固有显著性的判断系以相关公众为判断主体,而对于三维标志,影响相关公众认知的因素为使用方式,而非标志本身,这一判断原则使三维标志的固有显著性并不会受其是否独创或是否系臆造所影响。

3. 关于立体商标侵权的案例

我们来看南京九蜂堂蜂产品有限公司诉南京老山营养保健品有限公司侵害商标权纠纷案。

原告南京九蜂堂蜂产品有限公司(以下简称"九蜂堂公司")成立于1997年10月26日,经营范围为生产加工蜂产品、蜂花粉、蜂产品制品,销售蜂产品。其于2007年10月8日向国家工商行政管理局商标局(以下简称"商标局")申请在第30类"蜂蜜;食用蜂胶(蜂胶);非医用营养液;非医用营养膏;咖啡;茶;糕点;糖;含淀粉食品;食用芳香剂"商品上注册小熊立体商标。2010年2月21日,该商标被核准注册。自2009年至今,九蜂堂公司在其生产的蜂蜜上持续使用该立体商标。2009年下半年,九蜂堂公司发现被告南京老山营养保健品有限公司(以下简称"老山公司")在相同的蜂蜜商品上使用了与该立体商标近似的商标,遂诉至法院请求判令老山公司停止侵权,赔偿损失13.4万元。

该案中,涉案立体商标为呈坐立状的"小熊瓶形",瓶盖呈礼帽形状,小熊的两臂向前弯曲下垂,置于身体两侧,小熊的两腿前伸,相对于其他盛放蜂蜜的普通容器来说,"小熊瓶形"的整体立体形状非常独特,属于组合商标中三维标志显著的情形,因此在判断被控侵权标识与涉案商标是否相同或近似时,应当重点比对涉案商标的三维标志本身。老山公司与九蜂堂公司皆为住所地在南京的蜂产品生产企业,其销售渠道和销售区域存在重合性,两者生产、销售的商品又系同一种商品,实际生活中,两者的商品往往会陈列在同一货架上。涉案商品蜂蜜系一种价格便宜的大众化食品,消费者在购买过程中不会施以过多的注意,在作出购买决定时不会做太多考虑,当在同一种商品上看到近似的包装时,会对商品的来源产生混淆或误认。

被告老山公司是在相关公众以及江苏等地区具有一定影响力和知名度的企业,其更应当具有较高的品牌意识,关注同行业同地区竞争者所使用的注册商标并注意加以避让,以防止侵犯他人的注册商标专用权,但其使用的包装与涉案立体商标相比,整体形状构成近似,极易使消费者产生混淆、误认,侵犯了九蜂堂公司依法享有的注册商标专用权。据此,法院判决被告老山公司停止侵权,赔偿九蜂堂公司损失6万元。

《商标法》第8条规定:"任何能够将自然人、法人或者其他组织的商品与他人的商品区别开的标志,包括文字、图形、字母、数字、三维标志、颜色组合和声音等,以及上述要素的组合,均可以作为商标申请注册。"尽管我国《商标法》明确规定保护立体商标,但立体商标的侵权判断一直是商标审判领域中的难点问题,因为立体商标与传统商标有很大不同。对于一部分立体商标而言,其本身就是用来包装产品的,或者是该产品的外形。老山公司认为,其并未将小熊形象的包装瓶作为商标使用,只是作为商品的包装使用,且被控侵权商品本身附着了"老山"牌商标,与原告"九蜂堂"标识构成区别。但法院认为,涉案立体商标的外部表现形状是小熊的瓶形,本身是商品容器的立体形状,由于小熊瓶形属于非常用包装,其独特的形状具有显著特征,消费者逐渐会将该产品外包装、外形与特定厂家生产的产品联系起来,故该形状已经起到区别、识别商品来源的作用,且蜂蜜商品通常置于同一货架销售,因此,老山公司使用与涉案立体商标近似的包装极易使消费者产生混淆、误认。在进行立体商标的近似性判断时,应当重点关注三维标志本身是否具备显著性。基于涉案立体商标具有一定的显著性,法院最终以两者之间整体相似为由认定构成侵权。该案的裁判结果符合立体商标重点保护"三维标志"本身的立法原义和立法目的,对立体商标的保护范围及近似性判断所作的积极探索,具有较强的借鉴意义。同时也充分体现出《商标法》保护注册商标专用权的立法精神,是为了尽量划清不同市场主体之间商业标识的界限，规制市场竞争行为，在保护商标专用权人商誉的同时，有效保护消费者的利益。

可以想到的是，未来在包装器材、巧克力等方面都可以用3D打印进行无限复制、生产或制造时，这种立体商标的问题将会是一个明显的、值得争议的知识产权问题。3D打印中的立体商标是否成立，何种情况构成立体商标侵权，以上案例都是很好的借鉴。对于那些不足以构成显著区别，不易引起一般消费者注意的3D立体标志，恐怕难以成立立体商标，继而也难以构成商标侵权。

四、3D打印与商标反向假冒

（一）3D打印后换作自己的商标是否构成商标反向假冒

3D打印中一种常见的做法就是，3D打印技术的使用者"打印"出产品后，如果没有原来的商标，或者换上自己的商标，或者压根就没有商标然后流入市场，这种做法是否构成商标侵权，或者属于商标反向假冒行为呢？

反向假冒分为两种，一为显性反向假冒（express revere passing – of），指侵权人擅自将他人商品上的商标除去，换上自己的商标，并将该商品作为自己的产品再次投入市场流通的行为。二为隐性反向假冒（implied reverse passing – off），指将他人合法贴附于商品上的商标去除后并不换上自己的商标，在无任何标识的情况下出售的行为。二者区别的关键在于所追求的价值目标不同，前者是利用自己的商标窃取他人的商誉；后者是剥夺他人商誉但侵权人自己并不以获取商誉为目的，手段更隐蔽。

（二）商标反向假冒的性质分析

商标反向假冒是不正当竞争行为。诚实守信、公平竞争是基本的商业道德准则。这一准则要求竞争者不得故意编造虚假信息，使消费者在错误信息的诱导下进行交易，也不得通过损害其他竞争者的合法利益换取竞争优势。由于立法的局限,我国《反不正当竞争法》对不正当竞争行为的规制尚不完善,但该法还是表达了立法者反对弄虚作假、损人利己行为的意思。反向假冒可能导致混淆,也可能使消费者对产品的质量产生不切实际的信赖,这些都为《反不正当竞争法》所不容。此外,反向假冒还掠夺了他人的产品声誉,阻碍了他人商标信誉的建立,因而是不正当竞争行为。

商标反向假冒也是侵犯消费者知情权的行为。在商品的众多识别因素中,商标的识别功能最为突出。而反向假冒使消费者无法通过商标的指示区别商品的来源。根据《消费者权益保护法》,消费者有权了解包括商品产地、生产者在内的有关自己所购买商品的一切真实信息,经营者有义务将有关商品的信息如实告知消费者。反向假冒人更换或除去别人商品上的商标,提供给消费者虚假的信息,错误地引导消费者作出购买行为,实际上妨碍了消费者的知情权。

商标反向假冒也是构成商标侵权的行为。反向假冒不仅构成不正当竞争行为,而且从商标专用权的角度看,毫无疑问,商标反向假冒行为是一种典型的侵权行为。注册商标专有权包含了"行"与"禁"两个方面,一是"行"的权利,即商标所有人或经其授权的其他人将特定的商标使用在特定的商品上;二是"禁"的权利,即所有人或经其授权的其他人有权禁止他人将与权利人相同或近似的商标使用于相同或类似的商品上。"行"的权利保障在商品的市场流通过程中商标权人的商标与商标权人的商品相连的权利,除了终极消费者,任何人都无权割断这种联系。"禁"的权利保障商标权人的商标与商品的联系在市场流通过程中不被混淆的权利。任何混淆行为,都可能导致商标的声誉被玷污,商标上的利益被掠夺。将他人标识在商品上的商标除去或更换,从形式上消灭了商标权人在其商品上标识商标的行为,直接侵害的是商标权人对注册商标的专有使用权,也是对商标禁用权的非法否定。

赞成反向假冒商标行为属商标侵权行为的学者,提出了诸多理由作为佐证,其主要者有4点:(1)如果不将反向假冒商标行为作为商标侵权行为加以处理,势必严重影响商标权人利益,中国厂家的名牌战略永难成功；（2）商标权与著作权同属知识产权范畴，而中国最新《著作权法》第47条已将反向假冒著作权界定为侵犯著作权行为，据此，也应把反向假冒商标行为界定为商标侵权行为；（3）反向假冒商标行为属中国2013年修正的《商标法》第57条第（7）项所规定的"给他人的注册商标专用权造成其他损害的"行为之一，自应认定商标侵权行为；（4）外国立法及司法实践早已把反向假冒商标行为作为商标侵权行为来处理。❶ 在反向假冒商标行为是否属商标侵权问题上发生分歧之主要原因，还在于对商标专用权内容认识上的差异。赞成论者，大多把商标专用权理解为包括自己专用、禁止他人使用及禁止他人撤换等多项权利的集合体；而否定论者，则认为商标专用权不应包含禁止他人撤换的权利在内。❷

（三）商标反向假冒的特征

商标专用权赋予了商标注册人依法在其商品上使用其注册商标，并禁止他人假冒、撤换的权利，其目的就在于保障商标与商品的结合。反向假冒行为是一种侵犯商标专用权的行为，商标的价值在于其具有识别商品、保证商品质量以及广告宣传、促销等作用，而商标之所以能正常地发挥这些功能，是因为商标在企业的商品与消费者之间建立了一个信息传递的渠道，因此商标功能的发挥必须以商标与商品的完全结合为前提。

虽然有学者根据"商标权耗尽"原则，认为合法载有某商标的商品一经投入市场，商标权人即丧失了对它的控制，其权利被视为用尽，因此反向假冒行为不能视为假冒商标专用权。但笔者以为，3D打印中，商标反向假冒将他人商标取下而换上自己商标的行为，切断了源商品与源商标的联系，切断了生产者与消费者之间的桥梁，妨碍了商标功能的正常发挥，侵犯了他人的商标专用权。

---

❶ 郑成思. 知识产权法 [M]. 北京：法律出版社，1997：206 - 208.
❷ 郑成思. 商标法执法15年及需要研究的新问题 [J]. 知识产权，1998（2）：10 - 12.

故此，商标反向假冒的特征有：

（1）在行为主体方面，其主体只有与被反向假冒人生产、制造同类产品的生产者有关，而不包括该类商品的销售者在内。销售者购进他人生产的商品，用自己的销售商标替换他人商标再将商品投入流通市场的行为不属于反向假冒商品行为；如属于已有约定，或生产商允许他人生产，3D打印属于制造行为，则按有约定从约定的办法来解决。

（2）在行为人主观方面，反向假冒商标行为人主观动机主要是盗用他人产品声誉为自己创牌牟取不当利润。如外国厂商购进我国厂商生产的价廉物美的商品后换用自己的商标继续销售，以牟取暴利；如已有约定则为合法，如无约定则为不当行为。

（3）在行为对象方面，反向假冒行为直接指向他人生产的产品，其实质在于盗用或贬损他人产品的声誉。

（4）在行为内容方面，反向假冒表现为在市场上购进他人生产的商品，以自己的商标标识替换他人的商标标识，将该商品继续投入流通。3D打印者并不投入市场或销售，只是用于自己使用，则不构成反向假冒。

关于假冒商标行为的性质，已有共识：从商标权角度看，它属于严重的商标侵权行为；从消费者权益角度看，它属于欺诈消费者行为；从市场竞争角度看，它构成不正当竞争行为。

（四）3D打印中商标反向假冒认定商标侵权的要件

我们先来看这样一种情形。某个人或企业向某外贸公司订了一批产品，由于生产厂家的货源不足，该公司便采用3D打印的方式自行制作，拆除原商标缝上自己的商标，这种情形是否构成商标反向假冒侵权？

首先，这种反向假冒行为给商标权人造成了损害，同时也给社会造成了损害。直接损害的就是商标权人的利益。这种利益既包括商品上体现的直接财产利益，也包括企业商标上体现的无形价值。表面上商标权人把商品卖出好像是已经实现了其商品上的价值。但事实上其商标上的利益是受到了侵害。因为从前述的对商标的本质功能上考察，商标从其最初的区别商品的功能到后来的可以成为一项独立的财产权进行转让，这个发展的历史说明《商标法》的立法目的也有了改变，不仅在于保护商标的财产利益，而且也开始重视对商标作为一项独立的权利给予保护。商标，特别是驰名商标饱含了创作者的心血与汗水，物化载体的价值与其无法相提并论。正是由于创作者的精心投入，其智力成果受到了社会和消费者的欢迎，物化于有形载体中的无形产品成为畅销品。这就是为什么驰名商标的价值这么大。一批假冒商品上市造成的损失除了销售直接减少外，往往还会对该商标的市场声誉造成毁灭性的打击，1998年山西假酒事件发生后山西白酒市场一直疲软就是明证。因此对后者的保护显得比前者更为重要。

　　具体而言，我们可以从《商标法》对注册商标的使用范围和使用方式的规定中看出商标侵权的实质，就是对商标权益实现的妨碍。商标的使用范围是，仅限于核准注册的商标和核定使用的商品或服务。商标权的使用方式是，在核定使用的商品或服务上标明或标记核准注册的商标。商标与商品或服务是不可分离的。这是商标独占权，也称商标的专用权。与之相对应的是商标禁止权，即任何行为只要对商标的专用权的使用造成了不正当的妨碍就是构成了对商标权的侵害，商标权人都有权对该种行为加以禁止或请求禁止。一方没有经过注册商标权利人的同意就把它的商标去除的行为，其实就是对注册商标所有人的商标专有使用权的侵害，其表现就是妨碍了注册商标权人在自己的商品上标明自己商标的权利，或者说是"妨碍了注册商标所有权人商业信誉，品牌的建立，使其商业信誉受到了一定程度的损害"。法律赋予商标注册人享有排他性使用其注册商标的专用权利，构成商标侵权的根本原因是这种行为使商标失去区别功能。对方的行为破坏了商品与商标的不可分离性，造成了商标区别功能的丧失，侵害了原告的商标专用权。

　　如果要达到此目的，对商标权的保护领域应当作扩大的理解。"由于知识产权的保护对象——智力成果以及工商业信誉是无形的，其本身也是无价的。"对这种权利的保护，不能限于用对物权的保护方式。虽然不能任由权利无限制地扩张,但是也不能过于限制。如果不能给权利人以足够的保护,将会严重伤害人们对知识创造的积极性,不利于社会财富的创造。虽然我们可以通过其他的方式来获得救济,但事实上也是不够的。这里就提出一个问题。对于商品售出之后,商标权人是否有权禁止任何第三人对商标的不正当使用?权利用尽对商标权人的限制是好的,但是也应该对等地给予商标权人一个对他方不合理利用使用其商标或是损害其商标权的行为给予救济的机会。因此,对商标权的保护理应有所突破,不应仅限于首次销售,还应包括在流通领域、进入消费阶段之前。这样才能更好地保护权利人。

其次,反向假冒行为与造成损害之间具有因果关系。商标反向假冒行为造成的损害,也有人主张,认为如果反向假冒的商品只是一小部分,根本不会对商标权人的商标造成任何影响,只有当反向假冒的商品已经占了商标权人商品的一半以上时才会对商标权人的商标信誉的建立产生影响。在这里我们要讨论的是反向假冒这种行为的性质,当然这种行为会有程度轻重的差别,任何行为都有这种区别。但是行为程度的差别并不会影响对这种行为的定性,只不过是由于行为程度比较轻,它的危害性还不是十分重大或明显,一般不予追究而已。对于反向假冒因果关系的认定,主要把握两点:一是行为人是否实施了反向假冒行为;二是商标权人是否受到了损失。对于损失的认定,以双重标准来确定,一是实际商品上的损失,即商品销售量因此而减少、降价等;二就是对商标信誉上的损失,不过这一方面通常无法用一个客观标准来衡量。一般认为只要实施了这种行为就可推定其对商标构成了这种意义上的损害。

最后,侵权行为人具有过错。当然并非全部的商标侵权行为都要求对方有主观上的过错。一般而言,国际上通行的观点也认为,对于直接侵权行为不要求有主观上的过错;而对于间接的侵权行为则要求有明确的故意才构成侵权。反向假冒行为属于对商标权的间接性侵权行为。理由如下:(1)反向假冒行为人的直接目的不是要利用商标,而是要利用商品来获利。(2)行为人对商标的侵害并不是处于一种直接的追求的故意，而是一种放任的故意，只能说是一种间接的故意。
(3) 该行为为直接侵权的基础。商标反向假冒行为的行为人在主观上是出于故意，其目的是获取不正当利益，或牟取暴利，盗用的是他人商品的质量信誉，因而该行为对原商标所有人的商誉或经济利益具有现实或潜在的危害性。

（五）如何规制 3D 打印中的商标反向假冒

目前各国都还没有专门针对 3D 打印的商标反向假冒的具体规定，只能适应目前的一般商标里反向假冒的相关规定。

世界各国对于商标反向假冒行为立法基本上有两种模式，一种是将该行为视作商标侵权而通过《商标法》作出禁止性规定。另一种不是从侵犯商标权角度，而是从禁止不正当竞争的角度来看待商标反向假冒，它们把禁止商标反向假冒放到《不正当竞争法》中。另外，《建立世界知识产权组织公约》也把它看作一种不正当竞争行为而予以禁止。法国、意大利、澳大利亚和巴西等国直接将反向假冒认定为商标侵权行为而加以禁止。而在德国、日本、荷兰等国，反向假冒是按不正当竞争行为来定性的。也有的国家将反向假冒行为分别规定在《商标法》与《反不正当竞争法》中，实行双重规制，其中最典型的是美国。美国《兰哈姆法》第 43 条 a 款（美国商标法第 1125 条 a 款）是最明确的禁止商标反向假冒的商标法条款。另外，该条同时还属于反不正当竞争的总款。此外，美国还在《反不正当竞争重述》（第 3 版）第 5 条也将反向假冒作为不正当竞争行为进行规范。

我国反向假冒行为出现得比较晚，在 1993 年《商标法》修改之前，尚未引起人们足够重视。因此，我国 1993 年修正后的《商标法》对此种行为未作规定。在这种背景下，1997 年《刑法》在规定"假冒注册商标罪"时不可能将反向假冒的行为纳入刑法的调整体系之中。《消费者权益保护法》第 8 条规定："消费者享有知悉其购买、使用的商品或者接受的服务的真实情况的权利。"该法第 20 条规定："经营者向消费者提供有关商品或者服务的质量、性能、用途、有效期限等信息，应当真实、全面，不得作虚假或者引人误解的宣传。"

而且，该法还规定了相关的行政责任。《反不正当竞争法》第2条规定了什么是不正当竞争，把反向假冒商标行为涵盖在内。虽然我们可以从现行《反不正当竞争法》中找到制裁反向假冒商标行为的若干依据，但不无遗憾的是，我们找不到一个明确规范这种行为的条款。这种情况无疑对制止反向假冒商标行为、保护合法经营者权益颇为不利。

我国2013年修正的《商标法》第57条作了这样的规定："有下列行为之一的，均属侵犯注册商标专用权：……（五）未经商标注册人同意，更换其注册商标并将该更换商标的商品又投入市场的……"本条文已明确地将商标反向假冒行为视作商标侵权行为，所以对于商标反向假冒行为可以用商标侵权对其进行规制。认为除此之外，还应该同时适用《反不正当竞争法》对其进行规制，因为商标反向假冒行为虽直接涉及商标使用的行为，却又具有很浓的不正当竞争色彩。并且同时使用两部法律对其进行规制还有如下原因：一方面《商标法》很难做到对注册商标进行全面的保护；另一方面由于反不正当竞争保护与商标保护在市场上的必然联系，《反不正当竞争法》与《商标法》存在部分规定交叉与重叠的情况，其中有些是不可避免的，甚至是必要的。

如何理解投入市场？是否要进行扩张解释？多数学者认为"投入市场"应解释为在市场中销售的行为，但在商标反向假冒中"投入市场"主要是指但绝不应仅限于在市场中销售的行为，还应包括任何在公众场合进行广泛使用，如用于广告宣传、展览以及其他商业活动中。如澳大利亚商标法规定，在明知或应知注册商标已被篡改或注册商标已被去除或注册商标被欺骗性的使用的情况下，销售该商品，为销售而陈列该商品，为生产或交易而占有或者进口该商品，同样构成刑事犯罪。这一立法我国应予以借鉴。相应地，对《商标法》第57条第5款"……更换其注册商标并将该更换商标的商品又投入市场的"属侵犯注册商标专用权也应作扩大解释，即不仅销售反向假冒商品属于商标侵权，将反向假冒商品用于其他任何形式的商业活动的行为也应属于商标侵权行为。

如何规制隐性的商标反向假冒？《商标法》第57条第5款虽然明确规定"未经商标注册人同意，更换其注册商标并将该更换商标的商品又投入市场的"属于商标侵权行为，但该条款的内容只是针对"更换"注册商标，也就是说，我国《商标法》所指的反向假冒仅指显性反向假冒，并没有在立法上承认"除去"注册商标即隐性反向假冒也属于商标侵权行为。如前所述，不论是显性反向假冒还是隐性反向假冒，都反映着反向假冒的基本特征：剥夺了商标权人扩大自己商标的知名度和影响力、提高自己市场信誉、增长企业利润、增强企业竞争的可能，对消费者作商品来源的虚假表示。隐性反向假冒同样符合商标侵权的构成要件，属于商标侵权行为。在司法实践中，隐性反向假冒的案件也时有发生。

是否应当采取举证责任倒置？从我国民事法律规范所确认的举证原则来看，除了法律明文规定的几种特殊侵权行为采取举证责任倒置以外，对于一般侵权行为，均采取"谁主张，谁举证"的原则。而反向假冒行为并未被我国民事法律列为特殊侵权行为，即被假冒者在诉讼中要承担举证不能的败诉风险。在商标反向假冒行为中，反向假冒者的假冒行为通常比较隐蔽，不易被发现，对于被假冒者的影响也是在长期的经济行为中逐渐表现出来的。通常有了假冒行为，而损害结果却尚未发生，被假冒者无法举证或举证困难。因此，由被假冒者举证难以切实维护其合法权益，对于反向假冒者的行为也难以起到限制作用。

建议3D打印涉及商标侵权时，可以规定："对于商标权人要求侵权人承担损害赔偿责任的，侵权人负有举证责任。"将商标反向假冒侵权行为列为特殊侵权行为，采取举证责任倒置。如果一方当事人已经提供可以合理取得并足以支持其权利主张的证据，同时指出能够支持其权利主张的证据处于相对方的控制之下，法院应有权责令另一方当事人提供证据。为了帮助权利人取得证据，只要并非与侵权的严重程度不协调，法院应有权责令侵权人将卷入制造和销售侵权商品或提供侵权服务的第三方的身份及其销售渠度和效率，这样就可以大大加强查处的力度和效率。

第七章
3D 打印权——是否需要创设一种新型知识产权

一、3D 打印权

这是一个全新的概念，然而笔者绝对不是为了新概念而创设此"3D 打印权"。

3D 打印权的创设不仅仅着眼于目前，而是着眼于未来。当 3D 打印机真正如同复印机、喷墨或激光打印机一样走进千家万户，成为人们随时可得的机器，成为街头巷尾随处可见的门店；当 3D 打印文档如同 MP3 里的音乐文件、博客上的文章一样在网络空间里大量、随时随地都可以分享下载时，"3D 打印权"说不定就如同信息网络传播权一样应运而生了。

（一）3D 打印权的提出

3D 打印权提出的前提是，现在的知识产权在调整规制 3D 打印带来的种种知识产权问题方面无能为力或一团乱麻。但似乎到目前为止，人们还存有一分心思，或许不少人就是这样认为，现有的知识产权体系可以完全应对 3D 打印的挑战，或者进行一些小修小补就可以应对 3D 打印带来的种种经济、科技、法律上的挑战了。

然而，通过前述几章总论和分论的分析，我们发现，尽管有可能在现有知识产权体系下进行修补完善，可以应对目前少量的与 3D 有关的知识产权争议，但是不足以应对以后的 3D 打印技术的发展所形成的种种局面。

比如，传统的知识产权体系里，对于版权、专利、商标是一个个条块分割的部分。3D 打印中的侵权，就会不得不分割或说用版权、专利等不同的条条框框去套用。这样的条块分割适用，面对 3D 打印这种情况复杂、整体复制的现象多少有些力不从心。究竟是侵犯版权还是专利？3D 打印究竟界定为版权法上的复制还是专利法里的制造？3D 打印的个人工厂、个人会员 3D 打印究竟还要坚持以营利为目的吗？如何界定 3D 打印领域里的直接侵权与间接侵权？如何简洁清楚地界定网络空间中对于 3D 打印的种种侵权与不侵权的界限？

（二）3D 打印权的创设

我们可以创设这样一种权利，即 3D 打印权——3D 打印新设计的设计者对其 3D 打印设计文件、根据该设计文件通过 3D 打印出的产品所拥有的复制、发行、打印、生产制造、销售及许诺销售、进口的权利。未经许可，其他人不得进行非法的复制、发行、打印、生产制造、销售及许诺销售、进口。

3D 打印权的保护客体是 3D 打印的新设计。该新设计的载体包括，其一，3D 打印的设计文件，比如文档、数据结构、数据库、数据、设计图等；其二，3D 打印设计文件通过 3D 打印机制造出来的产品。对于设计文件，借鉴吸收现有版权保护的某些特点来设计机制；对于 3D 打印产品，借鉴外观设计、实用新型和发明的专利保护机制的某些特点来设计；对于其中涉及商业标志的内容，则吸收商标保护的一些规则。这样就建立起一种既适应了 3D 打印技术这种独特技术、经济和商业模式的新类型知识产权，避免传统知识产权的种种争议和纠缠不清；又能最大限度保护社会公众的利益——除非获得 3D 打印权，否则任何人都可以免费、无偿地进行 3D 打印；同时也能让那些真正进行 3D 打印新设计的人获得新的灵感、新的激励以及一定的经济和社会回报。

3D打印权的保护期限有三种。第一种是借鉴版权的期限，限定为50年。这样一来，保护期限似乎太长了。第二种办法是借鉴专利的保护期限，限定为20年或10年。第三种是借鉴商标的保护期限，限定为10年，可连续进行续展。但是这种续展更长了，并不利于3D打印设计及其产品的不断创新。鉴于其重点保护的是3D打印设计形成的产品，笔者的建议是采取第二种方案，即建议3D打印权的保护期限为10年，取其大部分设计更接近于外观设计、实用新型的结构或构造的缘故。

（三）为何需要3D打印权

也许会有人会认为，现有的知识产权体系足以应对3D打印技术的挑战；也会有人觉得，只要现有的知识产权体系进行小修小补就足以应对3D打印的挑战。

但是，根据前面的一些分析可知，现有的知识产权体系对于规范3D打印技术带来的挑战有着一些不尽如人意的地方。现有的知识产权体系由版权、专利、商标、商业秘密等各种自具特色的制度构成，相互之间有知识产权的无形性、智力成果等共同之处，也还存在着各自的鸿沟。在应对3D打印技术带来的全方位、立体复制或制造的现象时，会导致或重叠或缠绕不清的现象。这样其实并不利于知识产权的发展，也不利于经济和社会的发展进步。

如果未来因时势所需，创设3D打印权，可以有如下益处：

其一，有利于解决适应版权法、专利法还是商标法等缠绕不清的知识产权问题。

其二，有利于解决3D打印到底是复制还是制造这样的"范畴""概念"式的语词之争，如果说在现有知识产权体系下，复制还是制造之争，还有可能促进3D打印的关注与澄清，在未来3D打印大规模应用下，这样的概念之争其实早已于事无补。要紧的是对现实中人们的行为、权利义务关系作一较为准确的厘清。

其三，有利于真正通过3D打印技术的发展给经济和社会带来正向的"福利激励"而不是陷入知识产权的泥沼，保护人们合理利用

3D打印的权利，促进整体社会福利的增加。

（四）3D打印权的界定

如果我们将来需要创设3D打印权，这样的3D打印权如何定义呢？其一是知识产权权利拥有人的视角；其二是3D打印使用人的视角。

从知识产权权利拥有人的视角来看，3D打印权是这样一种知识产权，它是产品的设计者保留其3D设计的权利，并制止未经许可进行3D打印的权利。这种设计需要满足以下一些基本条件：其一，对于该产品的3D设计有其独创性，属于权利人自己的独立自主的创造；其二，该产品的设计形态能够经3D打印制造出来，具有可实施性；其三，该产品的设计结构或构造、外观不同于现有设计或与现有设计不相近似。

由此，3D打印权在某种程度上，集成了要求版权的独创性、发明或实用新型专利上的实用性、外观设计的"新颖性"（与现有设计不同或不相近似）。因此，3D打印权是一个综合性理念的结果。它既不同于版权，也不同于发明、实用新型，更不同于外观设计。3D打印权既保护3D设计文件，也保护3D设计文件经3D打印出来的产品。

从3D打印使用者的角度来看，人们有权使用3D打印机进行任何3D打印的活动，除非3D打印权的拥有者获得了独占的3D打印权，并且这种3D打印权是经过国家有关权力机关备案或注册登记的。这样，就能给3D打印的广泛使用者开辟了一个合法的、广泛的使用空间。

二、3D打印权的法理基础

3D打印权是产品的设计者因自己的独特三维设计所获得的对3D文件及其通过3D打印出产品的权利。这种权利的来源正当性与版权、专利权、商标权有着同样的理由，那就是3D打印设计的智力成果。

158

法理基础之一是自然权利论,即财产劳动论。每个人都拥有其个人的财产,除他本人以外,任何人都不能对其个人财产主张权利。由于他的身体和双手的"劳动"归属他个人,因此,无论什么物品,只要他改变了它的自然形态,他就混合进了某种属于他的东西,从而使该物品成为他的个人财产。因为该"劳动"无疑是"劳动者"的财产,只有劳动者本人有权享有该曾被加入的东西,至少在有足够的物品和有足够数量可以供他人共有的情形下。所以3D打印的设计者基于其劳动成果,因其"额头上出汗"的智力投入享有的成果权。

法理基础之二是人格论。人是自由意志或行为自治的一个抽象单位,只有在他作用于外部世界时,他才真正存在。黑格尔曾有言,人只有通过与外界某种事物发生财产关系才能成为真正的自我。3D打印权成为一种知识产权,可以让3D的设计成为人拥有的并感觉是自身延续体的一部分。这样3D设计与雕塑、美术作品一样,尽管是一种工业产品,但也成为人格显示与延续的一部分。

法理基础之三是激励机制论。美国宪法为何在第1条第8款规定,保障作家和发明家对各自著作和发明在限定期限内的专有权利,以促进科学和工艺的进步?在这样的法条背后,是因为人们深信它是通过"科学和有用技术"领域的作者和发明家的才智提高公共福利的最佳方式。3D打印产品的设计者也可以获得与作品、发明家一样的权利。尽管这样的权利有可能通过传统的版权、专利、商标权一样得到一定程度的承认,但是他们无须通过巨大的争议,究竟是版权还是专利才能得到保护,这样给予3D打印者以激励,同时又能保证社会公众不至因为3D打印无形中涉嫌众多的版权、专利、商标等现有知识产权的不明陷阱与模糊的雷区。就市场经济来说,个人只有在合理预计他们会获利于他们的努力创造时,才会对发明创造进行投资。一个以保密的方式获得价值的创作者一直生活在秘密被发现和披露的危险之中。信息一旦向少数人以外的人披露,就极难再控制。信息具有公共财产的特点,可以被许多人使用,却不会有任何损耗,并难以识别谁没有付钱。赋予3D打印设计者使用其构思或表达的专有权,在激励的同时,也必然会限制其传播,从而让3D打印的设计者即3D打印权的所有权人认真考虑其应有的权利要求范围。经济效率的关键在于提供经济激励的社会利益和限制知识传播的社会代价之间的平衡。这样，通过3D打印权来厘清那些认真进行3D打印产品设计者与使用者之间的利益关系，以促进经济和社会的发展。

三、3D打印权与版权、专利权、商标权之间的关系

3D打印权脱胎于版权、专利权、商标权等传统的知识产权，但是仍然在知识产权的框架之内。3D打印权可以根据3D打印技术、经济和社会发展的需要，吸收版权、专利权、商标权机制中的一些特点，集成起来，但是又与版权、专利权、商标权有所区别。

（一）3D打印权与版权

3D打印权保护的是3D打印产品设计者的权利，所以，与版权的相同之处在于：

其一，3D打印权保护的客体是3D打印设计，该设计既包含其数字形态、纸质形态，也包括其经3D打印出来的实物形态。所以，3D打印权的保护客体中包括原来属于版权的"3D打印设计文件"。3D打印设计文件包括设计的结构图、形态图、设计的数字保护措施、管理信息以及所有该设计的数据库及其数据。

其二，3D打印权中的3D打印设计文件，要求具备与现有版权法中相似的"独创性"。这种独创性的要求其实不高，但是要有。这种独创性，可以将通过3D扫描他人现有产品形成的文件排除在外，因为本身不符合自己独立设计的要求。当然，还可以排除那些抄袭、复制其他人设计的产品形成的3D打印设计文件。

其三，3D打印权的设计者与版权、外观设计的设计者相似。3D打印权归其设计者所有，设计者为完成工作任务时，可以参考职务作品的法理，属于设计者的雇佣方即单位所有。

但是3D打印权也有着与现有版权不相同的地方。

3D打印权的客体，既包含其数字形态、纸质形态，也包含其经

3D 打印出来的实物形态,并不限于数字或纸质的原属于版权的 3D 设计文件。3D 打印权的客体由此突破了版权的界限,融合了版权的客体与专利权的客体形态。这样一来,现有版权与专利中的数字与实体、产品还是艺术品、打印是"复制"还是"制造"等争议都将成为一种无须争议的"文字"表相,我们就得以用一种更为实用、更与实践相契合的方式来探讨 3D 打印中的知识产权问题。

(二) 3D 打印权与专利权

同样的,3D 打印权这一创设的新型知识产权,与专利权略作比较,既有相同之处,也有不同之处。首先,其相同之处在于以下几点。

其一,3D 打印权吸收了专利制度中与产品有关的概念,主要有外观设计中的"设计"、发明或实用新型中的"结构、构造"以及形状。由此,3D 打印权包括 3D 打印设计文件,以及通过 3D 打印制造出来的产品。这种 3D 打印权产品,像专利产品一样受到保护。

其二,3D 打印权既保护 3D 打印独特的设计文件,又保护 3D 打印独特设计出来的产品,可以采取与"外观设计"或实用新型一样的审查标准,以作形式审查为准。当然,也可以采取登记制,这样就更类似版权登记的机制。这样,既能有效保护 3D 打印新设计者的积极性,又使得一般消费者、企业和社会公众对于未经审查或未经登记的 3D 打印设计可以放心大胆地使用。

其次,3D 打印权与专制权的不同之处至少也有两点。

其一,3D 打印权包含了数据形态的保护内容。对于数字设计文件也纳入保护,这是传统的专利权没有的内容。

其二,3D 打印权的审查机制更接近于版权的鉴记制,比现有的发明专利审查机制更宽松。审查机制不同,争议机制、无效机制后置,如同版权比对是否构成抄袭一样,可留给法院的诉讼程序解决。

(三) 3D 打印权与商标权

3D 打印权与商标权的关系,也是有同有异。毋庸讳言,3D 打印权的创设，更多地借鉴了版权与专利权中的种种概念、机制，但是也与商标权有所联系。

其中有所联系以及相同或近似之处在于，3D打印权的创设与存在，可以吸收商标权中的立体商标概念用于3D打印权。意即，3D打印产品的设计者在其文件中或者其产品中，可以含有立体商标、平面商标，则在保护其设计文件、设计产品时，也就包括了保护其中的应当纳入传统商标保护范围的立体商标、平面商标。设计文件中可以含有商业标志，甚至是3D打印标志。这样一来，当事人就可以不必拘泥于是否还要另外申请商标，或者将3D打印新设计的整个产品作为立体商标进行申请保护。

新创设的3D打印权，包括该3D打印设计的复制、打印的权利，即传统的商标保护的内涵。但是，其不同之处在于，此种保护是一种综合体的保护，即包括与版权相似的3D设计文件的保护、与专利产品相似的3D打印产品的保护，以及与立体商标、普通商标相似的设计标识的保护。

四、3D打印权与合理使用

3D打印权是一种在借鉴现有版权、专利权、商标权基础之上的，吸收各自特点，却又根据3D打印设计所需确定的新型知识产权。这种知识产权，同样需要在知识产权权利人与社会公众、使用者和消费者、传播者之间保持一定的利益平衡。其中，恰当地确定3D打印权的合理使用范围就显得尤其必要。

前文在讨论3D打印的版权法分析中提到过，在现有知识产权体系下，即使没有创设新类型的知识产权，也可以将3D打印的一些合理使用情形纳入版权法中。但这只是一种权宜之计。

在创设3D打印权之后，我们同样可以更为细致地确定在哪些情况下，人们可以合理使用3D打印设计。

合理使用的可能情形有以下几种情况：

其一，为个人学习、研究或欣赏，使用他人的3D打印设计及产品；

其二，为介绍、评论某一作品或说明某一问题，在作品中适当引用他人已经公开的 3D 打印设计及产品；

其三，为报道时事新闻，在报纸、期刊、广播电台、电视台等媒体中不可避免地再现或引用已经公开的 3D 打印设计及产品；

其四，为学校课堂教学或科学研究，少量复制已经公开的 3D 打印设计及产品，供教学或者科研人员使用；

其五，国家机关为执行公务使用已经公开的 3D 打印设计及产品；

其六，图书馆、档案馆、纪念馆、博物馆、美术馆等为陈列或保存版本的需要，复制已经公开的 3D 打印设计及产品；

其七，对设置或陈列在室外公共场所的 3D 打印设计及产品进行临摹、绘画、摄影、录像；

其八，为个人使用目的，为本人合法购买的产品零部件修理、更换使用相关的 3D 打印设计及产品，除非另有约定。

将以上这些情形纳入 3D 打印权的合理使用范围，主要是考虑到社会公共利益以及方便个人的、个别、日常、非营利的自用场景。其中上述第一项和第二项、第三项，这些情形纳入合理使用，有助于 3D 打印设计及产品的不断创新，也有利于个人在学习研究或欣赏中不必为获得许可而增加社会成本。

第四项到第六项，是为了社会公共利益的需要，在教学研究、国家机关执行公务或在图书馆、档案馆、纪念馆、博物馆、美术馆为自身业务中陈列或保存版本所必需，这些也应当纳入 3D 打印权的合理使用范围。

第七项是借鉴雕塑作品或美术作品的合理使用。第八项是 3D 打印中，个人使用 3D 打印的一个常见的、高频率而又非营利的使用场景。当然，第八项的合理使用权利也进行了适当限定，为某些不期望自己的 3D 打印设计为个人修理、更换所使用留下了双方约定优先的弹性空间。

五、3D 打印权与强制许可

在某些情况下，3D 打印权还需要引入专利法中的强制许可制度，以保证社会公共利益。

3D 打印的强制许可可以借鉴专利的强制许可中的一部分情形。

先来看专利的强制许可，专利强制许可是指专利行政部门依法定条件和程序颁发的使用专利的许可。申请人获得这种许可后无须专利权人同意即可得以实施专利，但应支付给专利权合理的使用费。

专利的强制许可包括：其一，不实施的强制许可。具备实施条件的单位以合理的条件请求发明或实用新型专利权人许可实施其专利，而未能在合理长的时间内获得这种许可时，国务院专利行政部门根据该单位的申请，可以给予实施该发明专利或实用新型专利的强制许可。其二，为了国家利益或公共利益的强制许可。在国家出现紧急状态或非常情况时，或者为了公共利益，国务院专利行政部门可以给予实施发明专利或实用新型专利的强制许可。其三，从属专利的强制许可。一项取得专利权的发明或实用新型比之前已经取得专利权的发明或实用新型具有显著经济意义的重大技术进步，其实施又有赖于前一发明或实用新型的实施的，国务院专利行政部门根据后一专利权人的申请，可以给予实施前一发明或实用新型的强制许可。在依照前款规定给予实施强制许可的情形下，国务院专利行政部门根据前一专利权人的申请，也可以给予实施后一发明或者实用新型的强制许可。

相应地，3D 打印的强制许可也可参考专利强制许可。以下情况可以实施 3D 打印权的强制许可。

其一，在国家出现紧急状态或非常情况下，或者为了公共利益（比如国防、外交、司法、救灾），国务院知识产权行政管理部门可以给予实施发明 3D 打印权的强制许可。

其二，从属 3D 打印设计的强制许可。一项取得 3D 打印权的设计比之前已经取得 3D 打印权的设计具有显著经济意义的重大技术进步，其实施又有赖于 3D 打印权的实施的，国务院知识产权行政部门根据后一3D打印权人的申请,可以给予实施前一3D打印权的强制许可。在依照前款规定给予实施强制许可的情形下,国务院专利行政部门根据前一3D打印权人的申请,也可以给予实施后一3D打印权的强制许可。

其三,3D打印设计在5年内未实施的强制许可的。具备实施条件的单位或个人,未曾在一定合理期间内实施3D打印设计,其他具备条件的单位或个人以合理的条件请求3D打印权人许可实施其3D打印设计,而未能在合理长的时间内获得这种许可时,国务院知识产权行政部门根据该单位或个人的申请,可以给予实施该3D打印设计的强制许可。

当然,3D打印权的强制许可还是有别于专利的强制许可的。专利强制许可的对象仅指发明和实用新型专利,而不包括外观设计。3D打印权的强制许可既包括类似于版权的3D打印设计文件作品,也包括3D打印设计的外观、结构、构造或形状。

六、3D打印权与反向工程

3D打印权的创设与运行,还要考虑到反向工程的问题。反向工程指通过技术手段对从公开渠道取得的产品进行拆卸、测绘、分析等而获得的有关技术信息。3D打印设计的产品,可以通过3D扫描或其他手段进行反向工程,获得其设计。那么获得3D打印权保护的设计产品是否有权禁止他人进行反向工程呢?

反向工程是相对于正向工程而言的。正向工程是泛指按常规的从概念(草图)设计到具体模型设计再到成品的生产制造过程。传统的反向工程常指从现有模型(产品样件、实物模型等)经过一定的手段转化为概念模型和工程设计模型,如利用三坐标测量机的测量数据对产品进行数学模型重构,或者直接将这些离散数据转化成NC程序进行数控加工而获取成品的过程,是对已有产品再设计、再创造的过程。

出于3D打印权的保护需要和保护目的,需要对反向工程的非法利用作出限制。在美国及其他许多国家,制品或制法都受商业秘密制度保护，只要合理地取得制品或制法就可以对其进行反向工程。专利需要把发明公开，因此专利不需要反向工程就可进行研究。反向工程的一种动力就是确认竞争者的产品是否侵权专利或版权。3D打印权的保护包括其实体产品以及该实体产品的3D设计文件，所以是一种融合专利权、版权的综合体，从法理上讲，要保护3D打印权的产品，就得依法禁止他人的非法进行反向工程。至于如果有人以不正当手段知悉他人的商业秘密之后，又以反向工程为由主张获取行为合法的，则更加应当不予支持。否则，3D打印权便会成为一项保护落空的权利。

在通过正常合法途径得到受3D打印权保护的新设计、新产品时，购买如果通过其反向工程得到其产品的3D打印权里的新设计数据、文档，则有了侵犯者3D打印权的可能。通过3D扫描或其他反向工程得到的3D打印权产品，不能获得任何新的权利，这样才有可能在真正意义上确定3D打印权的法律地位。

七、3D打印权的创设可能

当然，前面谈了3D打印权的内容、为何需要以及与其他知识产权的关系。但是，知识产权中的一项新的权利创设没有那样容易和简单。法律上的新权利，总是和人们的利益相关。人们奋斗所争取的一切，都与他们的利益有关。法律的产生与利益分化密切相关，利益格局的变化促进了法律的变化。社会中人们利益的一致性和矛盾性为法律的产生提供了可能，也决定了法律的功能。法律明确各种利益的界限，控制利益冲突，保证人们获取利益而又可以付出最小代价。法律需要平衡社会各种利益。也许，将来3D打印的许多新产品能够通过3D打印快速进行无限时、无限量、随时随地地复制或生产时，在设计者们、大型的公司或其他我们可称之为利益集团的呼声下，才有可能向信息网络传播权一样催生出一项新的权利。按照霍布斯的观点，自然状态既然是"一切人反对一切人的战争状态"，那么任何人都没有欢乐，没有安全。在3D打印技术将来被广泛运用，个人设计、个人使用、个人工厂生产制造遍地开花的时候，人们就会想起去理清3D打印中的知识产权这一团乱麻。虽然有传统的知识产权在起调整作用，但没有一种使人们足以遵从的权威和清查的界定。

为了摆脱这种状态，必须寻求指导人们行动以谋求共同利益的秩序与规则。通过新的规则，在大家统一新的利益平衡机制之下，秩序、和平、效率与公正才有所保障。同时，法律确认和保证一种社会秩序，明确各种利益的界限，将利益冲突控制在一定的范围之内，维系一个正常的社会状态。法律的价值正在于保证人们获取利益而又可以付出最小代价。赋予权利规则的本质特征的，就是这些规则将保护或增进个人利益或财产作为其具体目标。[1]

也许，人们在受够了现有知识产权对于3D打印中冒出来的种种问题、种种重重叠叠的烦恼，无法解决或难以忍受时，才会想到是否还有更为简略的办法，从而创设出一些新的机制。新的机制也许正是3D打印权，也许不只是3D打印权。

---

[1] MACCOMICK N. Rights in Legislation [M] //HACKER, RAZ. Law, Morality and Society. Oxford: Oxford Press, 1977: 190.

第八章
结　语

一、研究内容总结

本项研究从3D打印技术的起源与发展出发，主要提出3D打印对于知识产权的挑战，继而探讨其知识产权问题解决中的制度创新。重点探讨3D打印对于知识产权制度形成的理论挑战与实践危机，分析现有知识产权能否妥善应对此种挑战，最后尝试提出"3D打印权"这一新型知识产权的制度前瞻构想的可能性、理论基础与实践构建。

首先，引论部分提出问题，在3D打印技术引发新一轮工业化革命趋势下，3D打印技术乘着互联网的东风，又将给知识产权制度带来何种挑战？

其次，概论部分，从技术、历史、经济诸多方面对3D打印的发展作了介绍与探讨。3D打印技术，也称加法层积制造技术，可以追溯到20世纪70年代，直到40多年后的今天才有了长足的发展。目前应用的领域有：（1）航空航天；（2）汽车、自行车的零部件；（3）珠宝首饰；（4）医疗康复行业；（5）艺术设计行业；（6）产品样品；（7）其他高附加值行业。将来随着技术的发展，有可能产生新的应用、新的商业模式。网络因素的加入，让3D打印的应用有了全新的发展，比如涌现出一些专门提供3D打印文件上传、下载以供分享的网络平台。

目前,美国的企业和高校掌握着3D打印技术的大量核心专利,在拓展商业和应用领域、建立和形成产业链以及市场占有率等各方面都处于世界领先地位。中国国内的相关专利申请数量较少,与国外相比还存在一定差距。

3D打印技术不需要在已有原材料上做减法,而是直接做加法。这种从做减法到做加法的生产方式的变革,带来了设计思路、生产方式、成本、效率的变化,催生出了分布式工厂、个人工厂、3D网络分享平台等,引发了知识产权界的关注。3D打印也带来了复制维度的变革,从平面到立体,从立体到立体。印刷术引发了版权的兴起与繁荣,复印技术将版权法里的利益平衡与合理使用机制引向深入;3D扫描与3D打印的出现也将影响到经济方式、法律制度的变革。3D打印不仅引发了知识产权法律问题,而且引发了产品质量、武器管制、3D生物打印伦理等诸多问题。

3D打印面临的知识产权问题,归结起来就是传统的知识产权体系是否足以应对3D打印的挑战。随着未来3D打印技术的更加成熟、经济和商业模式的更新发展、生产方式的不断变化,现在的知识产权体系就需要对此作出适应性的调整。在3D打印技术的影响下,共享与专有、数字与实体、知识产权利益平衡将成为重点探讨的话题。

3D打印中的知识产权侵权涉及直接侵权和间接侵权。3D打印的产品涉及专利侵权中的直接侵权与间接侵权。3D打印文件网络分享平台与传统的MP3音乐平台很相似,又与版权以及信息网络传播权较为相似。

再次,从版权法角度来分析3D打印中的知识产权问题。3D打印技术是从立体到立体的复制,从数字到三维实体的转换。传统版权法里也有立体作品,这种立体作品作为作品的下位概念而存在,同样需要符合作品的要件。从版权角度来看,3D打印出来的产品,如果满足版权法上立体作品的独创性要求,也是可以构成立体作品的。3D打印的产品既然有相当一部分可纳入立体作品,则我们需要考察一下立体作品是否构成侵权的案例。这些案例对于未来处理3D打印产品中那些构成立体作品的纠纷不无启示意义。

从立体美术作品案、建筑作品案等可以一窥立体作品在司法实践中如何认定以及如何判定侵权。在整个3D打印过程中涉及的可能构成作品有：（1）3D扫描文件；（2）产品的设计图、设计数据；（3）产品本身的立体构造。用3D打印出来的产品，究竟归入立体作品还是非立体作品？这就容易引起争议或说无法厘清。以功能为主还是美观为主来区别，用于传统的作品与产品上，尚可以区分。但是用于3D打印技术带来的种种产品上则会陷入上述的模糊不清之中。3D打印产品无法用传统的立体作品来概括；也许有一部分3D打印的工艺品可以纳入传统的立体作品来保护，有一部分可以拥有外观设计、实用新型甚至发明来保护，但是仍无法全面应对3D打印产品带来的挑战。

对于3D打印技术来讲，这种3D打印的行为，是一种版权法里的"复制"行为还是更接近于专利法里所述的"制造"行为？从版权法的角度来看，3D打印就是把平面的复制应用到立体的三维复制行为上；从专利法的角度来观察，3D打印却又是一种生产制造的技术，尽管不同于传统的生产制造，但是打印出来的产品却是和生产出来的一模一样，这也可以说是一种生产制造。

作为3D打印技术普遍化、家用化的后果，个人工厂可能遍地开花，个人的生产制造能力可与传统的企业级生产制造能力不相上下，甚至在生产的个性化、设计的网络化、生产的快速响应方面超越了传统的生产企业。由此可知，生产制造在个人与企业之间的界限可能模糊起来，引发知识产权，尤其是传统上将以营利为目的作为知识产权侵权要件的一种危机。3D打印中也涉及版权中的合理使用问题。某些情况下，3D打印的使用可以纳入合理使用范围。

3D打印引发的专利法问题似乎很简单，可以分成两个略有区别的小问题来探讨。其一是3D打印技术本身的专利问题；其二是3D打印过程中打印对象的专利问题。3D打印技术本身涉及的专利问题，是指在3D技术运用过程中，涉及是否侵犯的3D打印专利技术的问题。即专利侵权的对象是3D打印技术本身。3D打印过程中，涉及打印对象的专利问题，是指 3D 打印过程中，涉及是否侵犯 3D 打印对象的专利技术问题。

从 3D 打印对象所涉及的专利来看，3D 打印由于采用增材制造，其制造的结果，在绝大多数产品来看，首先就是产品外观设计上的一模一样。这种一模一样的结果，就会涉及是否侵犯外观设计的问题。当然也会涉及发明与实用新型专利方面，涉及产品形状、构造的专利。

3D 打印专利侵权判定中是否还须以营利为目的是一个比较棘手的问题。用 3D 打印技术制造出自己所需的零部件，用于机器设备的制造、修理和更换，将会是一种常见的方式。其中是否涉嫌专利侵权值得探讨，过去的有关修改更换制造的案例也可以作前车之鉴。

如有人用 3D 打印某种产品，并且使用人误以为就是原来的某种专利产品，即冒充专利产品，这时 3D 打印的使用者将承担法律责任。

3D 打印机与一般的机器不同之处在于，有的 3D 打印机能够再生产出 3D 打印机，实现自我复制功能。

这种 3D 打印机在对人们的生产、生活带来极大便利的同时，也对专利法、版权法带来一定的冲击。

从商标法角度来探讨 3D 打印技术。使用 3D 打印技术，在如下情况时有可能涉嫌侵犯商标权：其一，使用 3D 打印技术，复制或制造的对象含有 3D 立体商标；其二，使用 3D 打印技术，复制或制造的对象是有商标的产品，复制者用 3D 打印完成后，不再含有原来的商标、去掉原商标或贴上新的商标；或者未经许可使用原来的商标。梳理和总结现有的立体商标的授权标准案例、立体商标侵权的案例，有助于我们进一步认识现行商标法律制度能否适用于未来的 3D 打印技术的大规模应用，以及使用 3D 打印技术复制、生产或制造立体商标或者含有立体商标的产品时是否会产生商标侵权的问题。我们也需要规制 3D 打印中的商标反向假冒问题。

尽管有可能在现有知识产权体系下进行修补完善，可以应对目前少量的与 3D 有关的知识产权争议，但是不足以应对以后的 3D 打印技术发展所形成的种种局面。传统的知识产权体系里，对于版权、专利权、商标权是一个个条块分割的部分。3D 打印中的侵权，就会不得不分割或用版权、专利权等不同的条条框框去套用。这样的条块分割适用，面对 3D 打印这种情况复杂、整体复制的现象多少有些力不从心。因此提出未来可以根据经济和社会发展需要，创设 3D 打印权这一新型知识产权。

3D 打印权——3D 打印新设计的设计者对其 3D 打印设计文件、根据该设计文件通过 3D 打印出的产品所拥有的复制、发行、打印、生产制造、销售及许诺销售、进口的权利。未经许可，其他人不得进行非法的复制、发行、打印、生产制造、销售及许诺销售、进口。

3D 打印权的保护客体是 3D 打印的新设计。该新设计的载体包括：其一，3D 打印的设计文件，比如文档、数据结构、数据库、数据、设计图等；其二，3D 打印设计文件通过 3D 打印机制造出来的产品。

笔者建议 3D 打印权的保护期限为 10 年，因为其大部分设计更接近于外观设计、实用新型的结构或构造的缘故。

3D 打印权是这样一种知识产权，它是产品的设计者保留其 3D 设计的权利，并制止未经许可进行 3D 打印的权利。这种设计需要满足以下一些基本条件：其一，对于该产品的 3D 设计有其独创性，属于权利人自己的独立自主的创造；其二，该产品的设计形态能够经 3D 打印制造出来，具有可实施性；其三，该产品的设计结构或构造、外观不同于现有设计或与现有设计不相近似。

3D 打印权在某种程度上，集成了要求版权的独创性、发明或实用新型专利上的实用性、外观设计的新颖性（与现有设计不同或不相近似）。因此，3D 打印权是一个综合性理念的结果。它既不同于版权，也不同于发明、实用新型，更不同于外观设计。3D 打印权既保护 3D 设计文件，也保护 3D 设计文件经 3D 打印出来的产品。

从 3D 打印使用者的角度来看，人们有权使用 3D 打印机进行任何 3D 打印的活动，除非 3D 打印权的拥有者获得了独占的 3D 打印权，并且这种 3D 打印权是经过国家有关权力机关备案或注册登记的。

第八章 结　语

　　3D 打印权权利的来源正当性与版权、专利权、商标权有着同样的理由，那就是 3D 打印设计的智力成果。同样可以用自然权利论、人格论、激励机制论等作为 3D 打印权的理论基础。

　　3D 打印权脱胎于版权、专利权、商标权等传统的知识产权，但是仍然在知识产权的框架之内。3D 打印权可以根据 3D 打印技术、经济和社会发展的需要，吸收版权、专利、商标机制中的一些特点，集成起来，但是又与版权、专利权、商标权有所区别。

　　3D 打印权保护的客体是 3D 打印设计，该设计既包含其数字形态、纸质形态，又包括其经 3D 打印出来的实物形态。3D 打印设计文件，要求具备与现有版权法中相似的"独创性"。

　　3D 打印权吸收了专利制度中与产品有关的概念，主要有外观设计中的"设计"、发明或实用新型中的"结构、构造"以及形状。由此 3D 打印权包括 3D 打印设计文件，以及通过 3D 打印制造出来的产品。这种 3D 打印权产品，像专利产品一样受到保护。

　　3D 打印权既保护 3D 打印独特的设计文件，又保护 3D 打印独特设计出来的产品，可以采取与外观设计或实用新型一样的审查标准，以作形式审查为准。当然，也可以采取登记制，这样就更类似版权登记的机制。

　　在创设 3D 打印权之后，我们同样可以更为细致地确定在哪些情况下，人们可以合理使用 3D 打印设计。

　　在某些情况下，3D 打印权还需要引入专利法中的强制许可制度，以保证社会公共利益。

　　3D 打印设计的产品，可以通过 3D 扫描或其他手段进行反向工程，获得其设计。出于 3D 打印权的保护需要和保护目的，需要对反向工程的非法利用作出限制。

　　未来人们在受够了现有知识产权对于 3D 打印中冒出来的种种问题、种种重重叠叠的烦恼，无法解决或者难以忍受时，才会想到是否还有更为简略的办法，从而可能创设出一些包括 3D 打印权作为选项的新权利、新机制。

二、基本观点

如果要用一句话来概括笔者的观点,那就是,目前的知识产权体系尚可以勉强应对3D打印技术带来的知识产权挑战;随着3D打印技术与经济模式的发展,未来知识产权变革可以创设一种新的权利——3D打印权。

当然,知识产权的变革也不完全以个人的意志为转移,要根据经济、社会和法律发展的需要来确定。并且,无论是创设3D打印权还是在现有知识产权体系里进行修修补补,可能的倾向有两种选择:一是偏重于共享,则普遍允许3D打印的免费、合理使用的存在;二是更多地强调专有权利,强调3D打印中的版权、专利权或商标权,抑或新创设的3D打印权。

三、主要创新点

1. 笔者全面梳理了3D打印本身的技术、历史、经济与法律方面的影响,尤其重点从版权、专利权、商标权上既分门别类,又高度概括地从知识产权总体出发对3D打印带来的知识产权制度上的挑战作了研讨。

2. 笔者创造性地提出"3D打印权"这一新的知识产权概念与新型知识产权。并论述其界定、主要内容、创设的目的与意义、3D打印权与现有版权、专利权、商标权的联系与区别。

四、研究局限与展望

(一)研究局限

对于3D打印带来的知识产权挑战,笔者从技术、历史、法律多角度进行探讨,从版权、专利、商标法重点领域进行研讨,提出3D打印权这一全新概念。但是限于时间和精力,还存在如下局限性。

其一，3D打印应用越来越广泛，相应的技术缺陷、限制条件、风险还尚未完全显示出来，对此方面的探讨较为薄弱。

其二，3D打印尽管与网络相结合，出现了种种新的生产方式、商业模式，但是未来还可能会有新的商业模式形成，对知识产权构成新的挑战。在这方面研究和估计尚显不足。

其三，3D打印权为第一次提出，极易让人误会成是否会强化另一种知识产权的壁垒。尽管我的出发点是，只有那些有独创性、实用性、新颖性的3D设计才有可能被国家知识产权机关授予这种新型的知识产权——3D打印权，这样给社会公众和使用者带来的一个潜在好处就在于，未经授权的3D设计的作品、产品就会归入公有领域之中。然而，由于首次提出，难免会有论述不清楚、论证还欠周密、意义和目的会遇到社会各方面的误解误读的缺点。

其四，尽管本报告的出发点是发现问题、讨论问题，秉承大胆假设、小心求证的想法，提出3D打印权，但限于个人学识水平以及研究能力，讨论视角难免有所偏差，可能会有所局限。

（二）展望

因为有上述研究的局限性，也给今后的进一步研究提供了空间和可能。笔者希望以后能就3D打印的技术风险、3D打印商业模式、3D打印新案例、3D打印权的创设与构建等作更为详细与深入的研讨。

参考文献

[1] DEPOORTER B. Intellectual property infringement & 3D printing: decentralized piracy. (Symposium: The Legal Dimension of 3D Printing) [J]. Hastings Law Journal, 2014, 65 (6): 1483-1503.

[2] HORNICK, JOHN, ROLAND. 3D Printing and Intellectual Property: Initial Thoughts [J]. Licensing Journal, 2013, 33 (7): 12-16.

[3] LI P. MELLOR S. GRIFFIN J, et al. C Waelde, L Hao. Intellectual property and 3D printing: a case study on 3D chocolate printing [J]. Journal of Intellectual Property Law & Practice, 2014, 9 (4): 322-332.

[4] CURCIO T. 3D printing: a multifaceted challenge to current intellectual property laws [J]. The Licensing Journal, 2014, 34 (8): 24 (2).

[5] MENDIS D. The clone wars: episode 1: the rise of 3D printing and its implications for intellectual property law – learning lessons from the past? [J]. European Intellectual Property Review, 2013, 35 (3): 155-169.

[6] REICH L D. Is intellectual property law ready for 3D printers? The distributed nature of additive manufacturing is likely to present a host of practical challenges for IP owners. (Intellectual Property: A Special Report) [J]. The National Law Journal, 2013: 14 (1).

[7] THOMAS K. Rethinking Additive Manufacturing and Intellectual Property Protection [J]. Research Technology Management, 2014, 57 (5): 35-42.

[8] BARRACLOUGH E. Are you ready for 3D printing? [J]. Managing Intellectual Property, 2011 (214): 116.

[9] BARRACLOUGH E. A five – step strategy for the 3D revolution [J]. Managing Intellectual Property, 2011 (214): 18.

[10] ESQUENET M A., HORNICK J F, WESTLEY B R. Seven cases changing copyright protection in the US [J]. Managing Intellectual Property, 2013 (235): 1.

[11] LISALNNON, EADE L, SMYTH A. 3D Printing Design revolution or intellectual property nightmare? [J]. Managing Intellectual Property, 2013 (232): 55.

[12] CARSON E. 3D printing: Overcoming the legal and intellectual property issues [EB/OL]. (2014 – 08 – 01) [2017 – 06 – 18]. http://www.zdnet.com/article/3d – printing – overcoming – the – legal – and – intellectual – property – issues.

[13] WEINBERG M. What's the Deal with Copyright and 3D Printing? [EB/OL]. (2013 – 01 – 29) [2017 – 06 – 18]. https://www.publicknowledge.org/news – blog/blogs/whats – the – deal – with – copyright – and – 3d – printing.

[14] HENN S. As 3 – D Printing Becomes More Accessible, Copyright Questions Arise [EB/OL]. (2013 – 02 – 19) [2017 – 06 – 18]. http://www.npr.org/blogs/alltechconsidered/2013/02/19/171912826/as – 3 – d – printing – become – more – accessible – copyright – questions – arise.

[15] HORNICK J. Some Thoughts on Copyright and 3D Printing [EB/OL] [2017 – 06 – 18]. http://3dprintingindustry.com/2013/09/13/some – thoughts – on – copyright – and – 3d – printing/.

[16] TITLOW J P. Why 3D Printing Will Be The Next Big Copyright Fight [EB/OL] (2013 – 02 – 20) [2017 – 06 – 18]. http://readwrite.com/2013/02/20/3d – printing – will – be – the – next – big – copyright – fight.

[17] VOGEL B J. Casting 3D Printing's Coming IP Litigation: Usual Suspects and Dark Horses [EB/OL]. [2015 – 02 – 20]. http://www.bna.com/casting – 3d – printings – coming – ip – litigation – usual – suspects – and – dark – horses/.

[18] 曹琦, 李伟, 刘鹏. 3D打印对现行知识产权制度的挑战 [J]. 创新时代, 2013 (11): 63 – 64.

[19] 李薇薇. 3D打印中商标不当使用行为的法律规制 [J]. 华中科技大学学报 (社科版), 2014 (5): 83.

[20] 马忠法. 3D打印中的知识产权问题 [J]. 电子知识产权, 2014 (5): 30 – 38.

[21] 冯飞. 当心3D打印技术背后的版权问题 [N]. 中国知识产权报, 2013-03-01 (9).

[22] 王忠宏, 李扬帆, 张曼茵. 中国3D打印产业的现状及发展思路 [J]. 经济纵横, 2013 (1): 90-93.

[23] 杨颖, 霍玉菡, 徐淼. 与3D打印如影随形的知识产权问题 [N]. 中国贸易报, 2013-05-30 (3).

[24] 王文敏. 3D打印中版权侵权的可能性 [J]. 东方企业文化, 2013 (7): 266.

[25] 李山. 冷静看待3D打印热潮——访德国3D打印专家和相关技术公司 [N]. 科技日报, 2013-03-04 (2).

[26] 3D打印真的是"万能制造机"吗 [N]. 解放军报, 2013-04-11 (12).

[27] 王迁. 知识产权教程 [M]. 北京: 中国人民大学出版社, 2011.

[28] 欧洲专利局. 未来知识产权制度的愿景 [M]. 郭民生, 杜建慧, 刘卫红, 译. 北京: 知识产权出版社, 2008.

[29] 布拉德·谢尔曼, 莱昂内尔·本特利. 现代知识产权法的演进: 1760-1911年英国的历史 [M]. 金海军, 译. 北京: 北京大学出版社, 2006.

[30] 冯晓青. 知识产权法利益平衡理论 [M]. 北京: 中国政法大学出版社, 2006.

[31] 尹新天. 专利权的保护 [M]. 2版. 北京: 知识产权出版社, 2005.

[32] 李明德. 美国知识产权法 [M]. 北京: 法律出版社, 2003.

[33] 罗塞尔·帕拉, 帕特里克·沙利文. 技术许可战略 [M]. 陈劲, 贺丹, 黄芹, 译. 北京: 知识产权出版社, 2006.

[34] 郑成思. 知识产权法——新世纪初的若干研究重点 [M]. 北京: 法律出版社, 2004.

[35] 罗伯特·P. 墨杰斯, 彼特·S. 迈乃尔, 马克·A. 莱姆利, 等. 新技术时代的知识产权法 [M]. 齐筠, 张清, 彭霞, 等, 译. 北京: 中国政法大学出版社, 2003.

[36] 吴汉东, 胡开忠. 无形财产权制度研究 [M]. 北京: 法律出版社, 2005.

[37] 朱雪忠. 知识产权协调保护战略 [M]. 北京: 知识产权出版社, 2005.

[38] 威廉·M. 兰德斯, 理查德·A. 波斯纳. 知识产权法的经济结构 [M]. 金海军, 译. 北京: 北京大学出版社, 2005.

致 谢

自从 2011 年入站以来,我便参与研科项目,申报项目和做课题,一路走来格外忙碌。原本 2013 年出站,却因申获国家留学基金委的资助出国访学,经历半年脱产培训英语之后,到美国华盛顿大学法学院做访问学者整整一年。四年转瞬即逝。

在这四年的时间里,要特别感谢在中国政法大学博士后流动站工作期间所有帮助过我的老师和同学。首先感谢中国政法大学合作导师张楚教授的悉心指导和帮助。

我还要感谢我的家人,如果没有家人的支持,我可能坚持不了这些年。

感谢博士后阶段的朋友、师兄师姐,这里面包括郭相宏教授、丁道勤博士后、赵天睿博士后、王涛博士后、张佳华博士后、邵兴全博士后等许多朋友,能与这样一个优秀、睿智、达观、理性的博士后群体认识与交流,是极让人快意的一件事。

感谢博士后管理办公室的郑永吉老师和戈春、杜倩老师的帮助!

还要感谢在美国华盛顿大学访学期间 Jane Winn 教授、Takenaka 教授、Jerry(退休法官)、Dave、Debbie、Jeff、Kirk、Joy Xiang 和其他许多美国朋友在研究工作与生活方面的倾力帮助,感谢同在美国访学的李小武副教授、肖冬梅教授、邓晓霞教授等诸多朋友在学术上的热心交流。

博士后是一个痛并快乐的过程。有人把它当作读书的时光，有人把它当作工作的阶段，有人把它当作科研的起步，有人把它当作世俗的经历。于我，它就是这样几种情况的综合。无论这样的旅程有着怎样的风景，我都要感谢生命中这样一段难忘的时光。